Kathrin Müller

Tunesisch Häkeln

Leopold Stocker Verlag
Graz – Stuttgart

Kathrin Müller

tunesisch Häkeln oder Sträkeln

www.straekeln.de

Umschlaggestaltung: Werbeagentur Rypka GmbH, A-8143 Dobl-Zwaring, www.rypka.at
Titelbild: Stephan Friesinger, Graz, www.free-c.org
Alle anderen Abbildungen stammen dankenswerterweise von der Autorin.

Bibliographische Information der Deutschen Nationalbibliothek
Die Deutsche Nationalbibliothek verzeichnet diese Publikation in der Deutschen Nationalbibliographie; detaillierte bibliographische Daten sind im Internet über http://dnb.d-nb.de abrufbar.

Hinweis:
Dieses Buch wurde auf chlorfrei gebleichtem Papier gedruckt. Die zum Schutz vor Verschmutzung verwendete Einschweißfolie ist aus Polyethylen chlor- und schwefelfrei hergestellt. Diese umweltfreundliche Folie verhält sich grundwasserneutral, ist voll recyclingfähig und verbrennt in Müllverbrennungsanlagen völlig ungiftig.

Auf Wunsch senden wir Ihnen gerne kostenlos unser Verlagsverzeichnis zu:
Leopold Stocker Verlag GmbH
Hofgasse 5 / Postfach 438
A-8011 Graz
Tel.: +43 (0)316/82 16 36
Fax: +43 (0)316/83 56 12
E-Mail: stocker-verlag@stocker-verlag.com
www.stocker-verlag.com

ISBN 978-3-7020-1547-3

Layout: Werbeagentur Rypka GmbH, A-8143 Dobl-Zwaring, www.rypka.at

Inhalt

Werkstücke

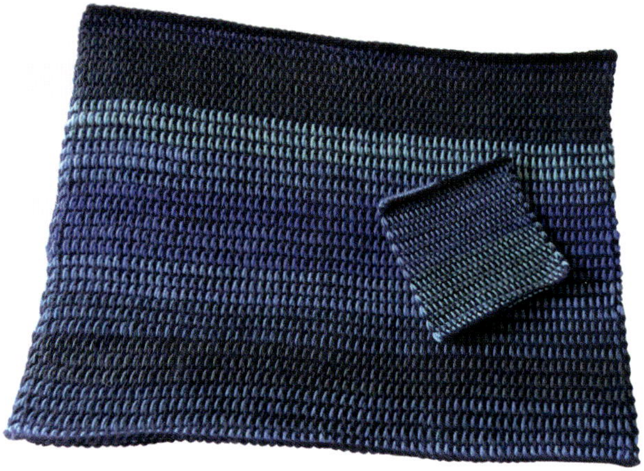

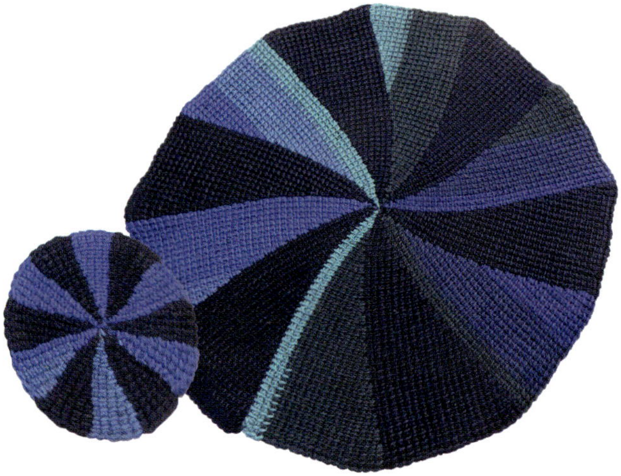

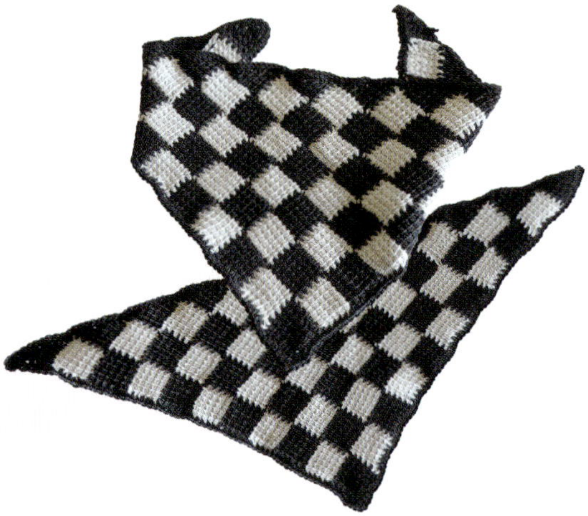

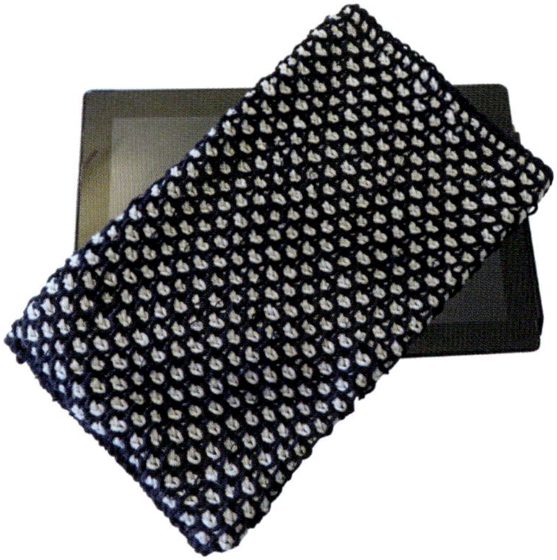

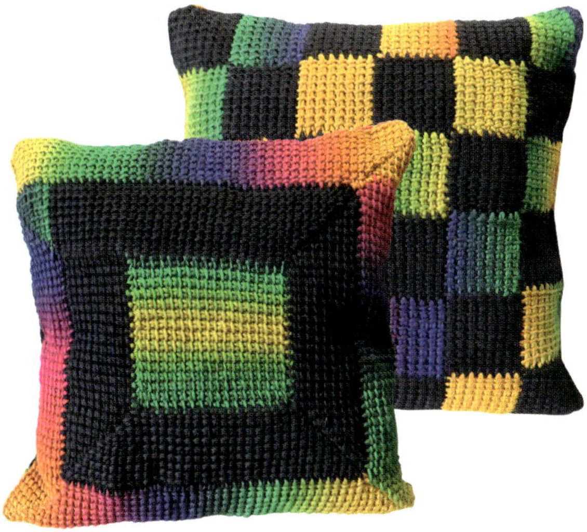

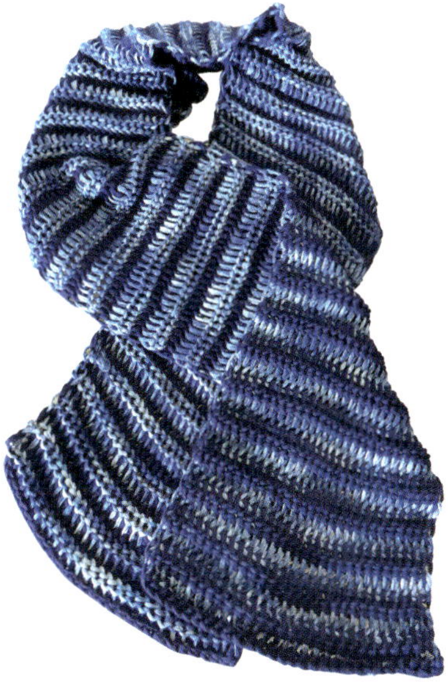

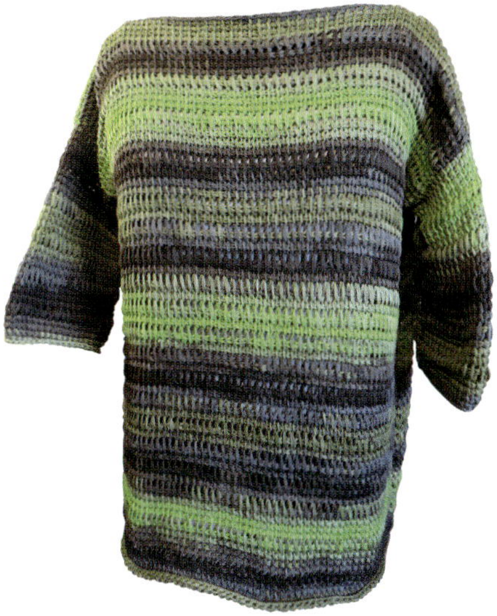

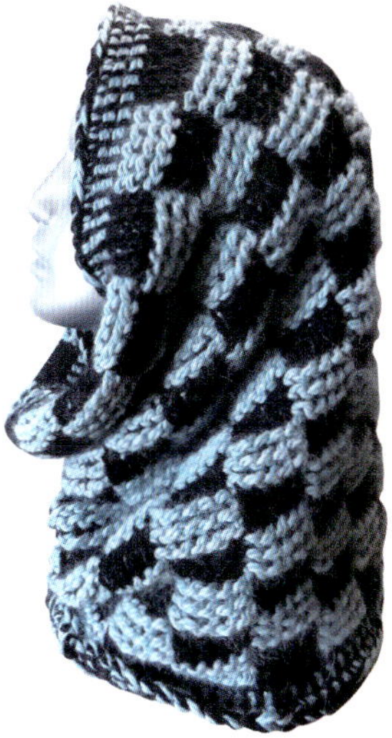

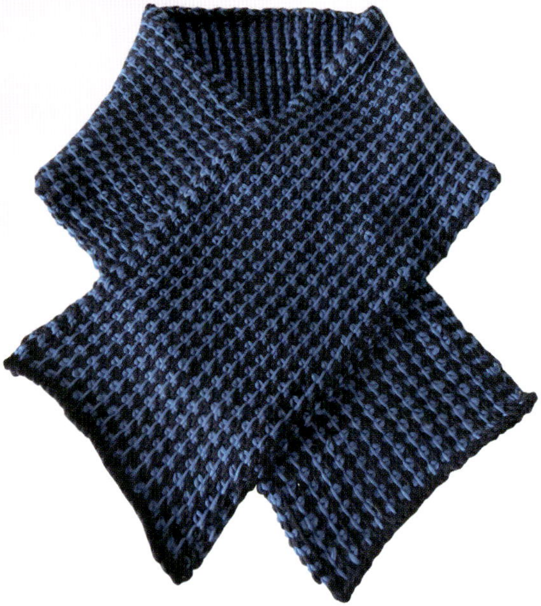

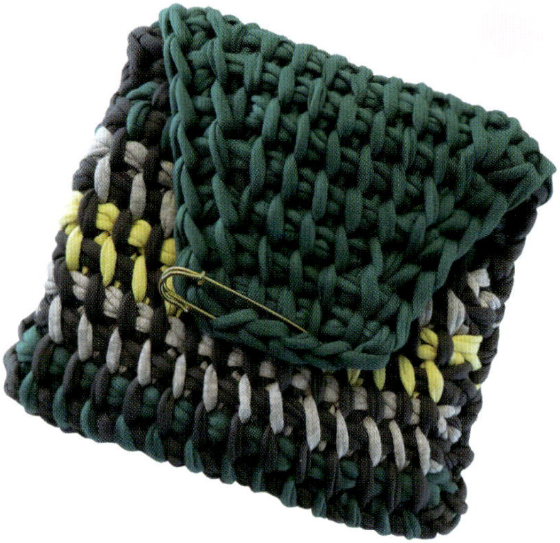

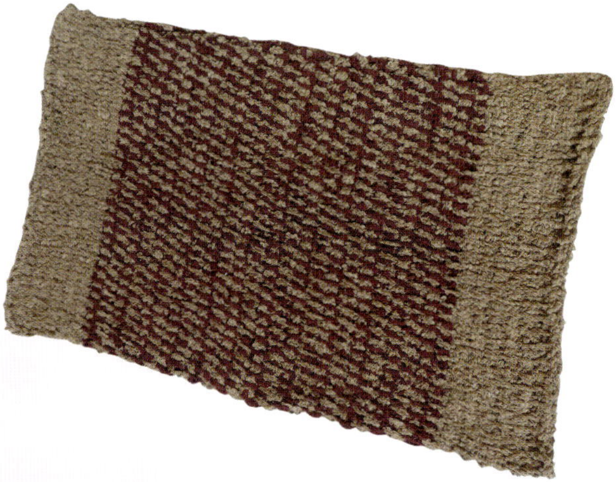

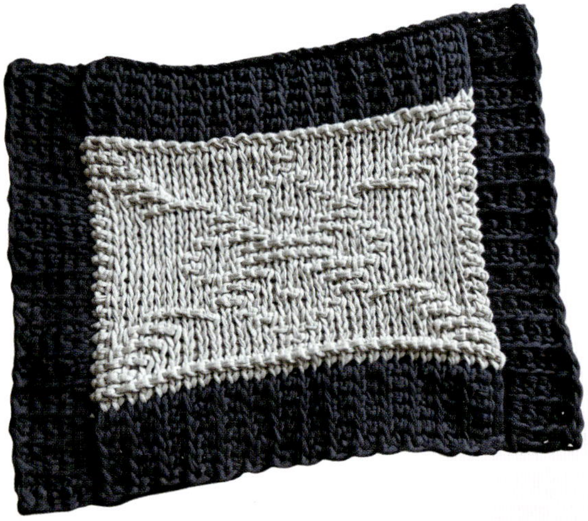

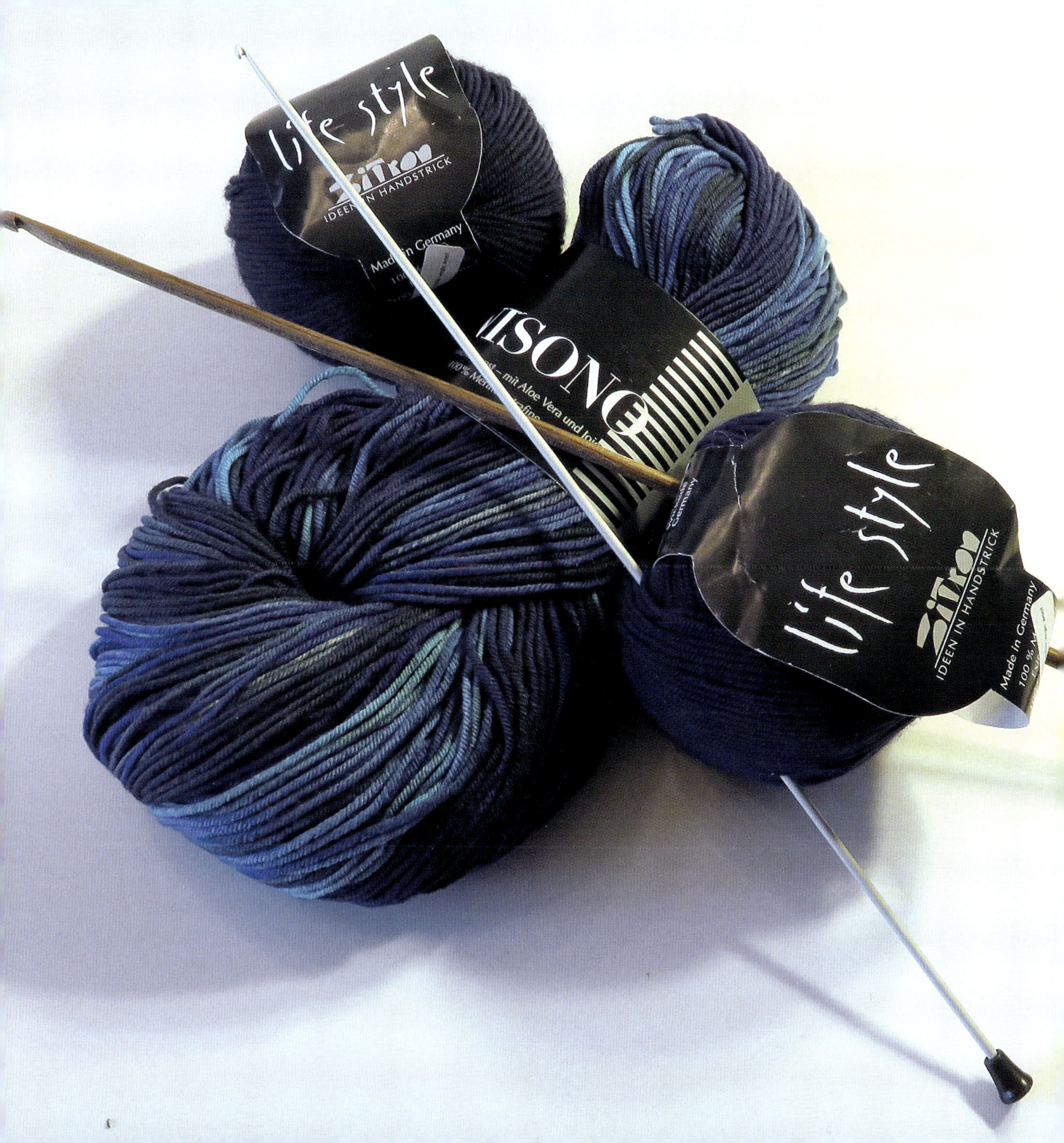
life style
IDEEN IN HANDSTRICK
Made in Germany
life style
IDEEN IN HANDSTRICK
Made in Germany

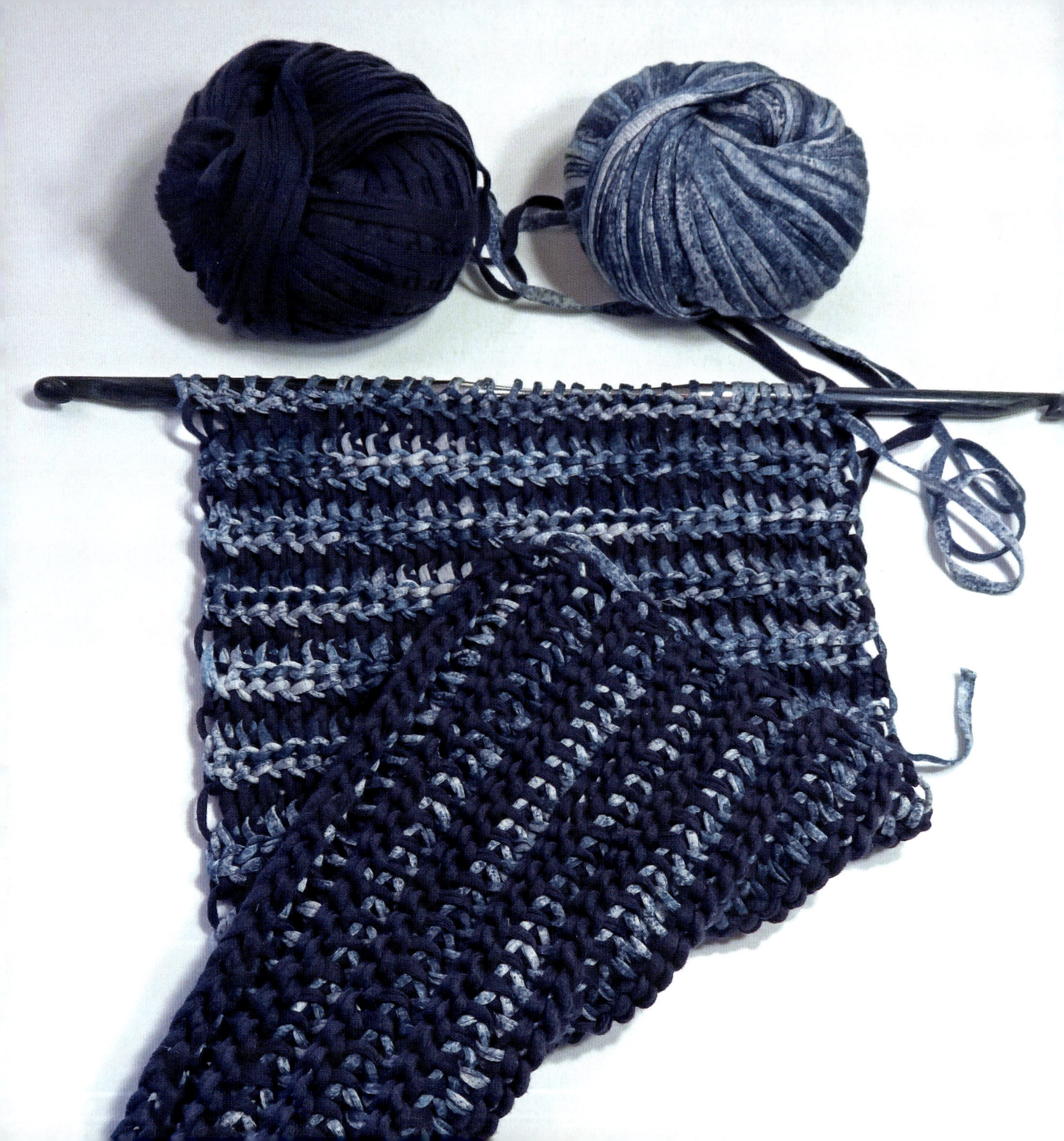

Allgemeines

Das Tunesische Häkeln – oder auch Sträkeln genannt – bietet eine Vielzahl von Mustern und Möglichkeiten.

Das Maschenbild wirkt im Grundstich wie gewebt, aber auch alle anderen Stiche und Muster haben ihren eigenen Charme und können vom Topflappen bis zur Kleidung zu wundervollen Einzelstücken verarbeitet werden.

In diesem Buch stelle ich in den Anleitungen die verschiedensten Techniken vor, gearbeitet mit Nadelstärke 3 bis Nadelstärke 15.

Die tunesischen Häkelnadeln

Tunesische Häkelnadeln sind Nadeln, die an einer oder beiden Seiten einen Häkelkopf haben, der spitzer ist als beim normalen Häkeln. Ursprünglich gab es die tunesischen Häkelnadeln als 25–30 cm lange, starre Nadeln mit einem Haken und einem Stopper auf der anderen Seite.

Mittlerweile gibt es die verschiedensten Ausführungen, kurze Nadeln mit Schraub- oder Click-System für Seile, Doppelnadeln in 15–30 cm Länge, Doppelnadeln mit festem Seil und hochwertige Einzel- und Doppelnadeln aus edlen Hölzern.

Die Nadeln mit einem Häkelkopf sind zum Sträkeln in Reihen, die Nadeln mit 2 Häkelköpfen – also Doppelnadeln – sind zum Sträkeln in Runden und für Wendemuster. Die Doppelnadeln gibt es mit gleichen Größen und mit unterschiedlichen Größen der Häkelköpfe. Ich persönlich nutze nur die Doppelnadeln mit gleicher Häkelkopfgröße, da das Maschenbild gleichmäßiger wird. In Runden kann man natürlich auch mit den unterschiedlichen Häkelköpfen arbeiten, dann würde ich die kleinere Größe zum Abmaschen der Schlingen nutzen und den größeren Haken zum Aufnehmen der Schlingen.

Tunesische Häkelnadeln gibt es in den Größen ab Nadelstärke 2 bis Nadelstärke 15, selten auch größer, wobei die gängigsten Größen zwischen Stärke 4 und 8 liegen.

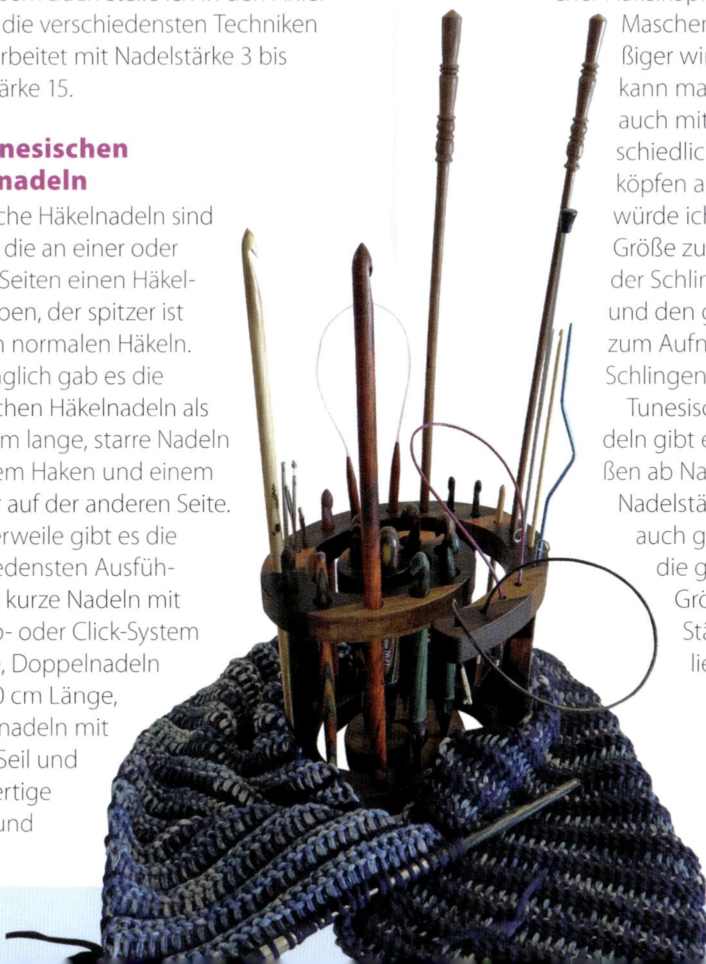

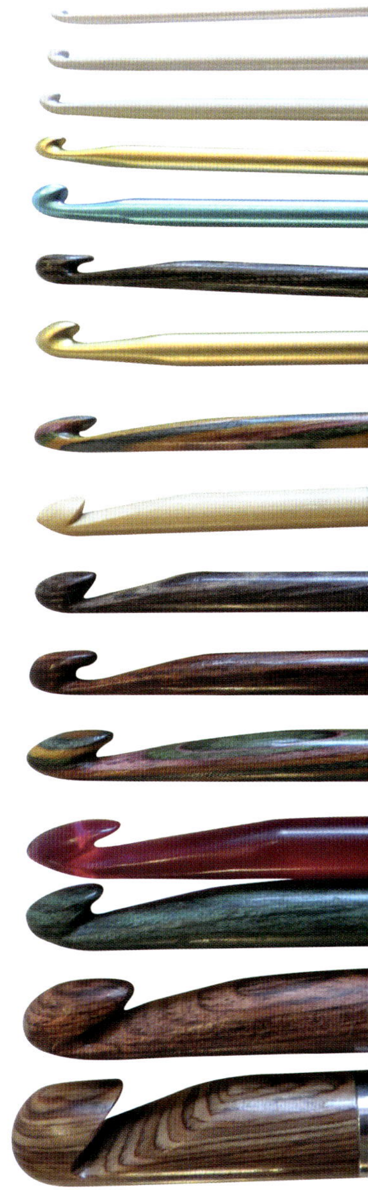

Tunesische Häkelnadeln in unterschiedlichen Größen (re.)

Sträkeln

Der Begriff „Sträkeln" taucht in vielen Zusammenhängen auf, doch immer wieder ist etwas anderes damit gemeint.

Dieser „Kunstbegriff" setzt sich aus den Worten „Stricken" und „Häkeln" zusammen. Damit gemeint sein kann:

- Jemand, der sowohl Stricken als auch Häkeln zum Hobby hat – sie/er sträkelt.
- ein Treffen, bei dem sowohl gestrickt als auch gehäkelt wird – Sträkeltreffen.
- Tunesisch Häkeln. Dabei wird mit einer Nadel gearbeitet, die einen Haken oder auch zwei Haken haben kann. Beim Tunesischen Häkeln sind viele verschiedene Muster möglich, auch solche die beim Stricken nicht machbar sind. Mit der Nadel mit einem Haken wird in Reihen gearbeitet, wobei eine Reihe aus Hin- und Rückreihe besteht. Mit der Doppelnadel kann man in Runden häkeln oder Wendemuster arbeiten.
- Knooking: eine Handarbeitsart, bei der mit einer Nadel gearbeitet wird. Diese hat auf der einen Seite einen Haken wie eine Häkelnadel und auf der anderen Seite eine Öse, um einen Faden durchzuziehen. Beim Knooking „häkelt" man eigentlich, bekommt aber ein Maschenbild, welches wie gestrickt aussieht.

Ich persönlich verstehe unter „Sträkeln" das Tunesische Häkeln, aber das ist meine ganz persönliche Anwendung für diesen Begriff.

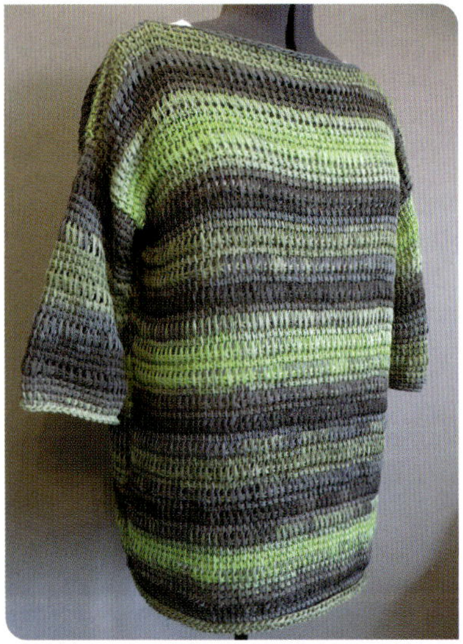

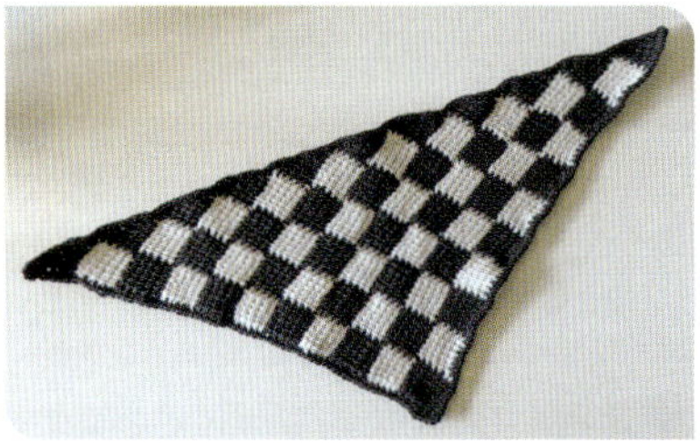

Das Tunesische Häkeln ermöglicht viele unterschiedliche Effekte.

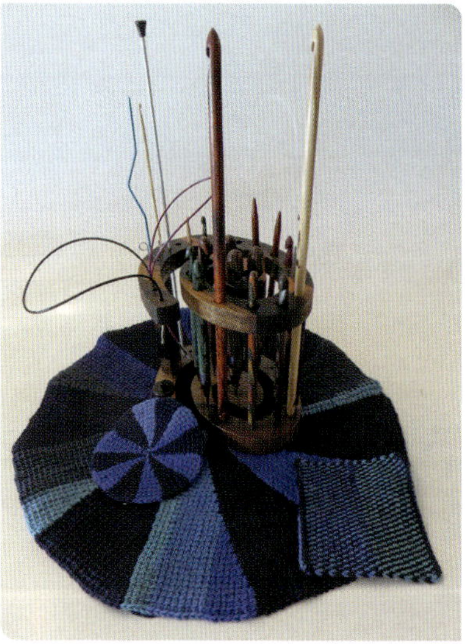

Gemeinsamkeiten und Unterschiede

Stricken – Häkeln – Tunesisch Häkeln oder Sträkeln

Tunesisch Häkeln oder Sträkeln ist eine komplett eigenständige Technik, die aber trotzdem ein paar Gemeinsamkeiten mit dem Stricken und dem Häkeln hat. Das ist auch der Grund, weshalb für mich der Begriff „Sträkeln" die Technik des Tunesischen Häkelns am besten beschreibt. Der größte Unterschied ist wohl der, dass beim Tunesischen Häkeln eine Reihe aus zwei Schritten besteht: im ersten Schritt werden die Schlingen auf die Nadel geholt und im zweiten Schritt werden diese Schlingen abgemascht – eine tunesische Reihe besteht also aus 2 Reihen: **Hin- und Rückreihe.**

Beim Stricken und Häkeln wird die Arbeit gewendet, beim Tunesischen Häkeln nur dann, wenn Wendemuster gearbeitet werden oder in Runden gesträkelt wird.

Das Maschenbild beim Tunesischen Häkeln ist auch völlig anders, obwohl man mit dem „Sträkeln" auch ein „Strickbild", wie kraus rechts oder glatt rechts, erhalten kann.

Gemeinsamkeiten bzgl. Nadeln und Maschen mit dem Stricken

Es wird eine lange Nadel genutzt und man hat alle Maschen einer Reihe auf der Nadel, was auch vielen „Häklern" zuerst Probleme bereitet, da sie dies nicht gewohnt sind (Greifen/Halten der Nadel).

Unterschied zum Stricken

Die lange Nadel ist nicht spitz, sondern hat einen Haken wie eine Häkelnadel.

Gemeinsamkeiten bzgl. Nadeln und Maschen mit dem Häkeln

Es wird eine Nadel mit Haken benutzt und man hat nach Beendigung der Reihe nur noch eine Masche auf der Nadel.

Unterschied zum Häkeln

Die Nadel ist länger als eine normale Häkelnadel.

Je nach Muster und gewählter Nadel kann der Materialverbrauch gleich oder auch deutlich mehr sein als beim Stricken, gleich, geringer oder ein wenig mehr als beim Häkeln.

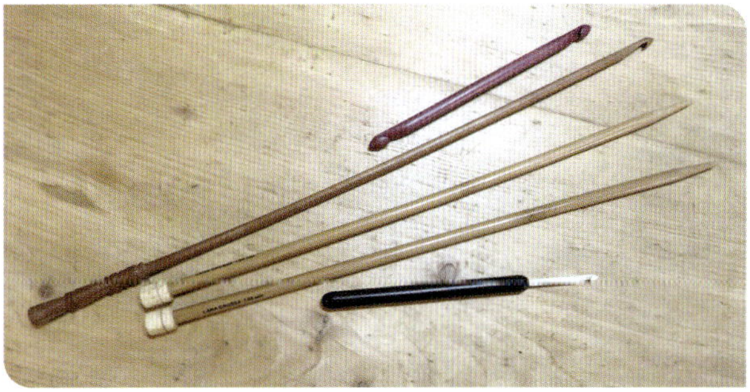

Tunesische Häkelnadeln, Stricknadeln und normale Häkelnadeln ...

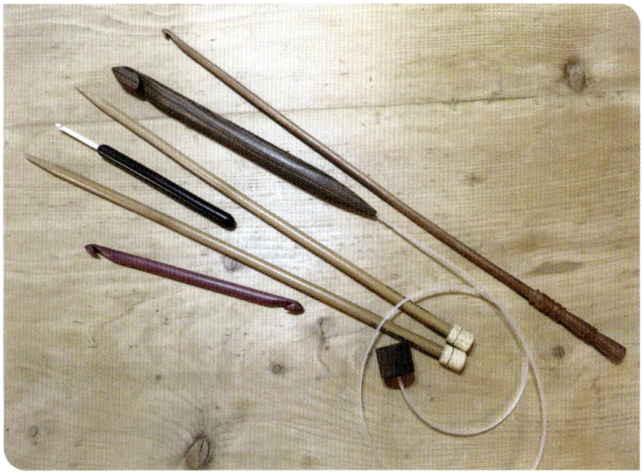

... in den unterschiedlichsten Ausführungen.

Wolle und Wollverbrauch

Es kann mit jeder Wolle, die man stricken oder häkeln kann, auch tunesisch gesträkelt werden.

Dabei gelten die gleichen Regeln wie bei anderen Handarbeitstechniken, also z. B. dass Baumwolle gerne ausleiert etc.

Auf jeden Fall muss beachtet werden, die Nadelstärke für das Tunesische Häkeln größer zu wählen, als auf der Banderole der Wolle angegeben.

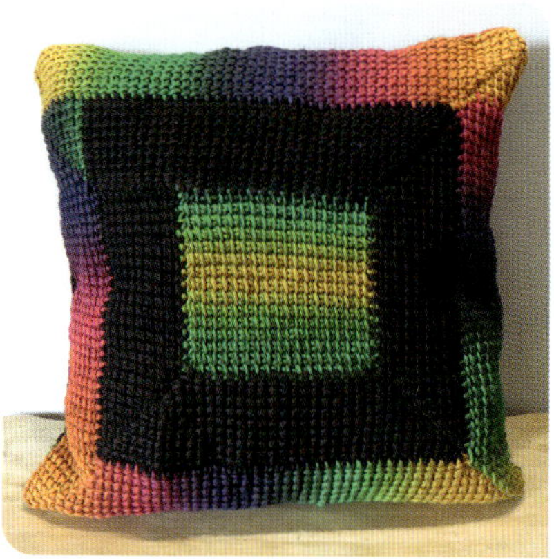

Bevor Sie mit dem Werkstück beginnen, sollten Sie eine Maschenprobe machen.

Wollverbrauch

Das Tunesische Häkeln verbraucht meistens (nicht immer) etwas mehr Wolle als das Stricken, allerdings „räumt" es auch mehr, da man eine größere Nadel benutzt. Es kommt natürlich auch auf das Muster und das Projekt an. So habe ich z. B. für eine langärmelige Jacke in Gr. 38/40 mit Nadelstärke 5 im Grundstich 500 g Manos del Uruguay Silk Blend, 100 g/270 m, benötigt – das ist nicht viel für eine Jacke.

Am besten kann man es anhand von Maschenproben vergleichen, die Maschenproben hier habe ich leicht gedehnt ausgemessen:

Wolle: Merino 50 g/115 m, empfohlene Nadelstärke 3,5–4 mm

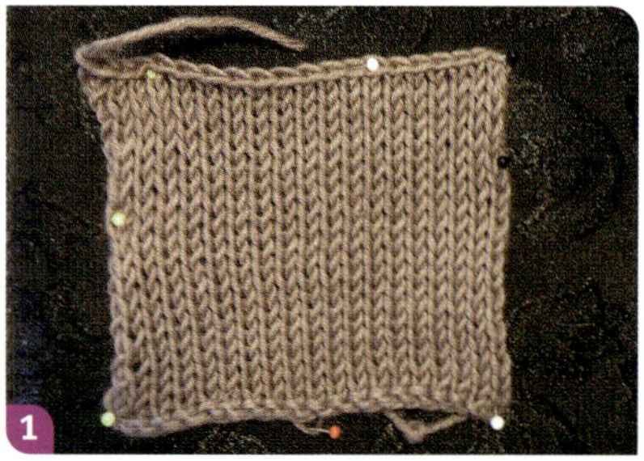

gestrickt mit Nadelstärke 3,5 mm, 20 Maschen, 20 Reihen = 8,5 cm x 7,0 cm 3 g glatt rechts

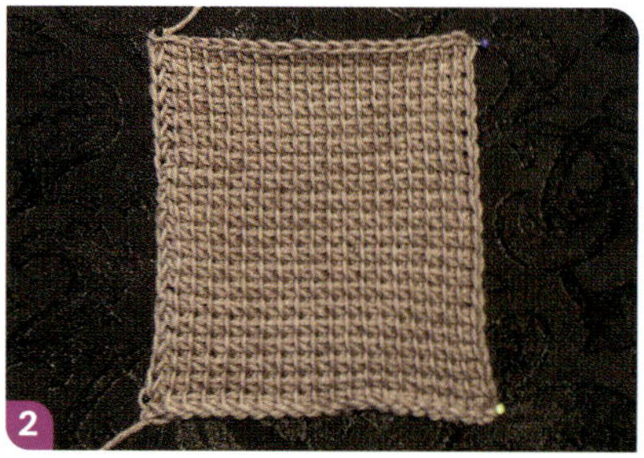

tunesisch gehäkelt mit Nadelstärke 4,5 mm, 20 Maschen, 20 Reihen = 11 cm x 12 cm 8 g im tunesischen Grundstich

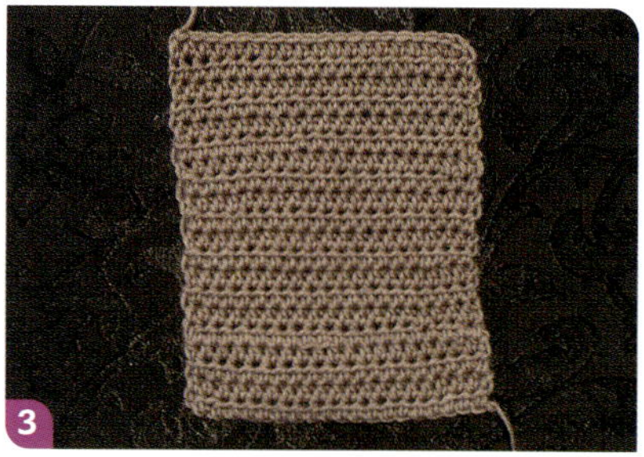

gehäkelt mit Nadelstärke 4 mm, 20 Maschen, 20 Reihen = 11 cm x 14 cm 9 g mit halben Stäbchen

Hilfe – es rollt sich ein ...

Das ist so gut wie immer das erste Problem, das zu Beginn auftritt.
Das tunesisch Gehäkelte rollt sich mal mehr, mal weniger ein.

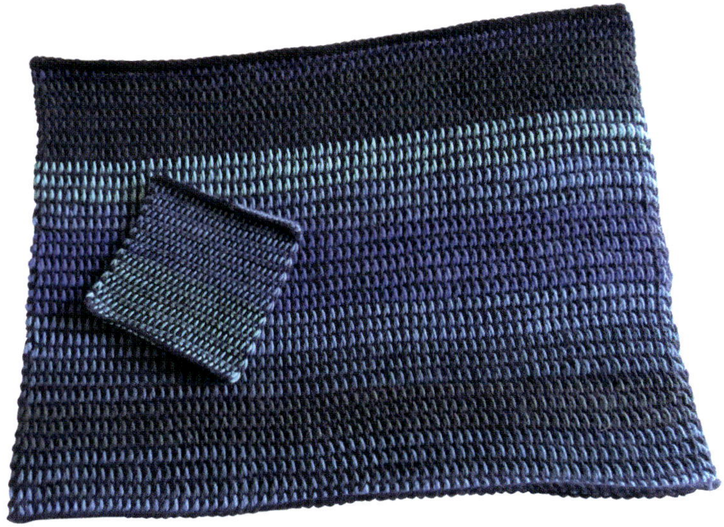

Abhilfe gibt es begrenzt:

- Eine größere Nadel verwenden.
- In den ersten Reihen – wenn es zum Muster passt – z. B. 2 Maschen Grundstich, 2 Maschen Reversestich im Wechsel arbeiten. Alternativ zum Reversestich kann man auch die tunesische linke Masche oder den verdrehten Grundstich nehmen.
- In den ersten Reihen – wenn es zum Muster passt – feste Maschen häkeln.

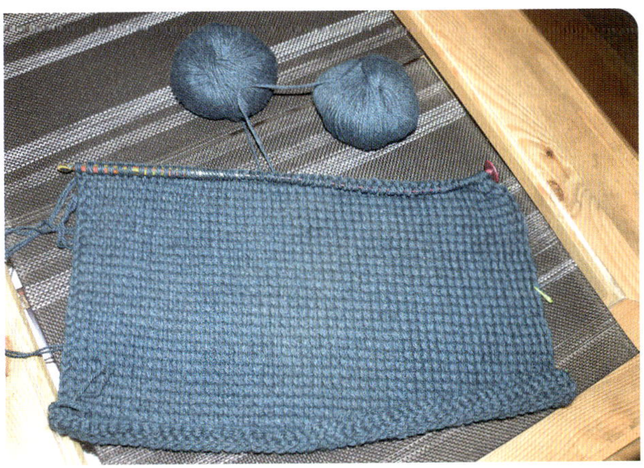

- Die ersten Reihen – wenn es zum Muster passt – in einem Wendemuster arbeiten.
- Zum Schluss die Arbeit leicht dämpfen – das ist aber von der Wolle abhängig, also vorher unbedingt an einem Teststück probieren, ob die Wolle das verträgt!
- Den Anschlag ohne Luftmaschenkette arbeiten – das habe ich mir in englischen Videos abgeguckt, ich weiß daher leider nicht, wie man diese Technik richtig auf Deutsch nennt. Dies ist ein Maschenanschlag ohne Luftmaschenkette mit festen Maschen oder halben Stäbchen .... auf youtube gibt es dazu Videos. Suchen Sie einfach nach „foundation single crochet" oder „foundation double crochet".

Die Grundtechnik

Beim Tunesischen Häkeln besteht eine tunesische Reihe aus Hin- und Rückreihe. In der **Hinreihe** werden die Schlingen auf die Nadel geholt, in der **Rückreihe** werden diese Schlingen „geschlossen" – also abgemascht.
Der Beginn ist immer gleich und nennt sich **Grundreihe**.

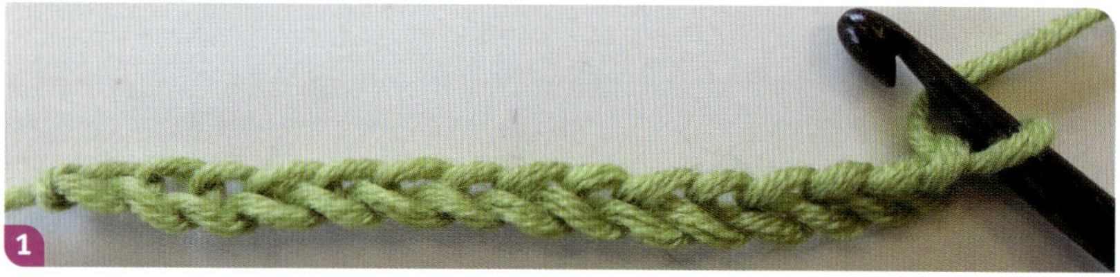

Es werden Maschen mit einer Luftmaschenkette angeschlagen, die letzte angeschlagene Luftmasche ist gleichzeitig die erste Masche der ersten Reihe.

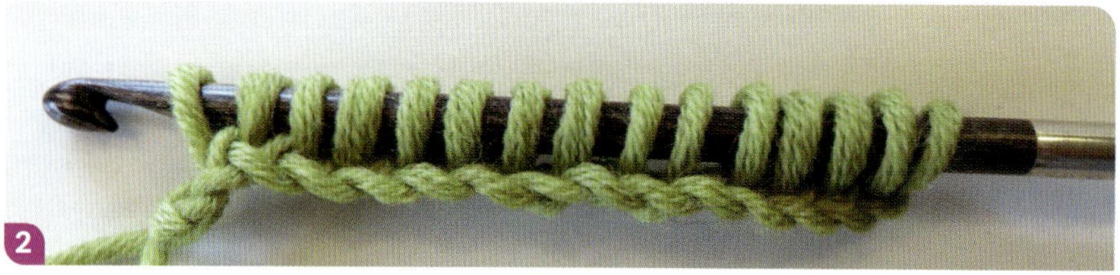

Aus den Luftmaschen werden jetzt die Schlingen auf die Nadel geholt.

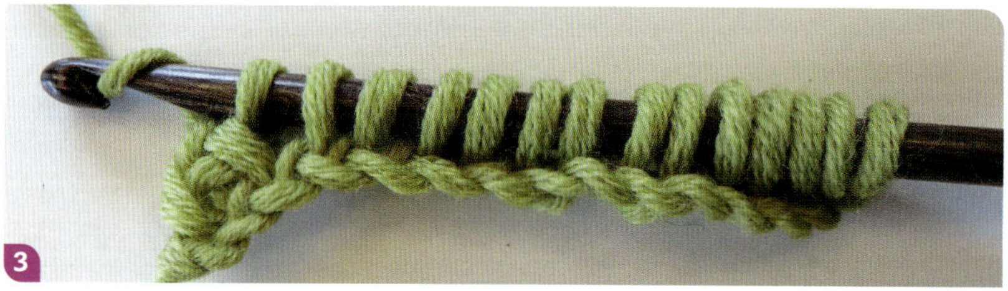

Wenn alle Schlingen auf der Nadel sind, wird eine zusätzliche Luftmasche gearbeitet und die Rückreihe beginnt: Den Faden um die Nadel schlingen (Umschlag) und diesen Umschlag durch die zusätzliche Luftmasche und die erste Schlinge auf der Nadel ziehen.

Wieder einen Umschlag machen, durch 2 Schlingen ziehen und diesen Vorgang bis zum Ende der Reihe wiederholen, dann ist nur noch eine Schlinge auf der Nadel. Diese Schlinge ist die erste Masche der nächsten Hinreihe.

Nach dieser **Grundreihe** beginnt dann das **eigentliche Muster**.

Im Tunesischen Häkeln kann man grob 5 Stiche als Grundlagenstiche ansehen. Die verschiedenen Muster setzen sich dann aus diesen Stichen bzw. deren Varianten zusammen.

Unbedingt zu beachten ist die Wahl der Nadelstärke. Diese sollte immer mindestens 1,5–2 Nummern größer gewählt werden, als auf der Banderole der Wolle angegeben. Das Tunesische Häkeln wird sehr fest, daher gilt: Je größer die Nadelstärke gewählt wird, desto luftiger und lockerer wird die Arbeit.

In diesem Buch werden die verschiedenen Techniken und Stiche bzw. Muster Projekt für Projekt erklärt.

ONLINE-TIPP

Videos zu den einzelnen Techniken finden Sie in meinem YouTube-Kanal unter der Internetadresse http://goo.gl/ftWCvi

Die Bezeichnung der Maschenglieder

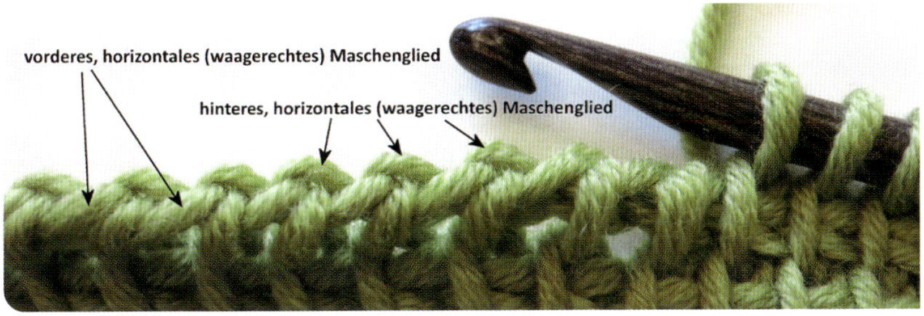

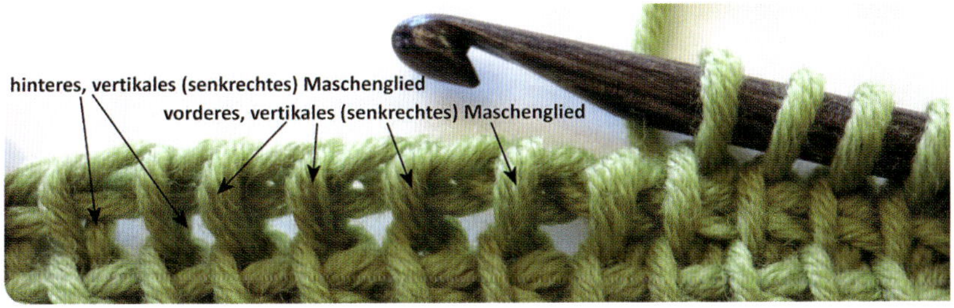

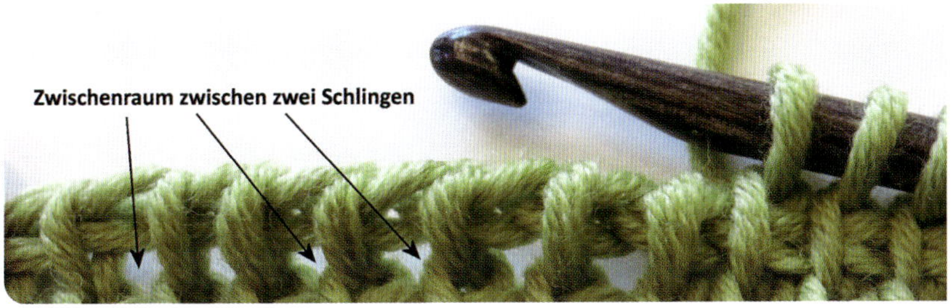

Maschenproben

Die Maschenproben sind, wie auch in den anderen Handarbeitstechniken, wichtig, um ein passendes Ergebnis zu bekommen.

Eine Maschenprobe sollte immer größer als 10 x 10 cm gearbeitet werden, in dem Muster, der Wolle und der Nadelstärke, die man auch verwenden möchte. Aus dieser Maschenprobe werden dann die Maschen und Reihen ausgezählt, die auf 10 x 10 cm benötigt wurden. Mit diesen Zahlen kann dann überprüft werden, ob die Maße stimmen oder man entweder die eigenen Zahlen auf die Anleitung umrechnet oder eine erneute Maschenprobe gemacht wird mit einer größeren oder kleineren Nadel.

In diesem Buch habe ich bewusst die verschiedensten Nadelstärken und Wollarten genutzt, um Ihnen zu zeigen, wie sie eingesetzt werden können. Durch die angegebenen Maschenproben bzw. Maße können die Anleitungen leicht auf Ihre eigenen Wunschgrößen bzw. Wunschmaße geändert werden. Bei den angegebenen Wollmengen bitte beachten, dass jeder anders arbeitet, also sicherheitshalber immer 50 g mehr Wolle pro Farbe kaufen, damit die Wolle sicher ausreicht.

Als Beispiel die Maschenprobe des Fallmaschenshirts, aus der ich die Maschen und Reihen für mein Shirt ausgerechnet habe. Mit der eigenen Maschenprobe, Nadel und Wolle kann das Shirt auf das eigene Maß umgerechnet und gearbeitet werden.

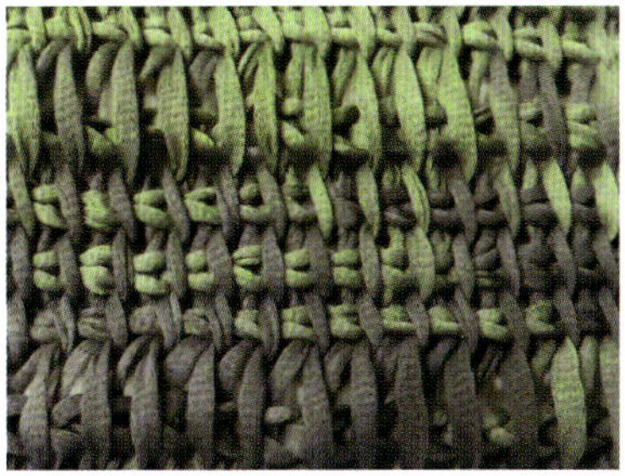

Maschenprobe für den Sommerpulli

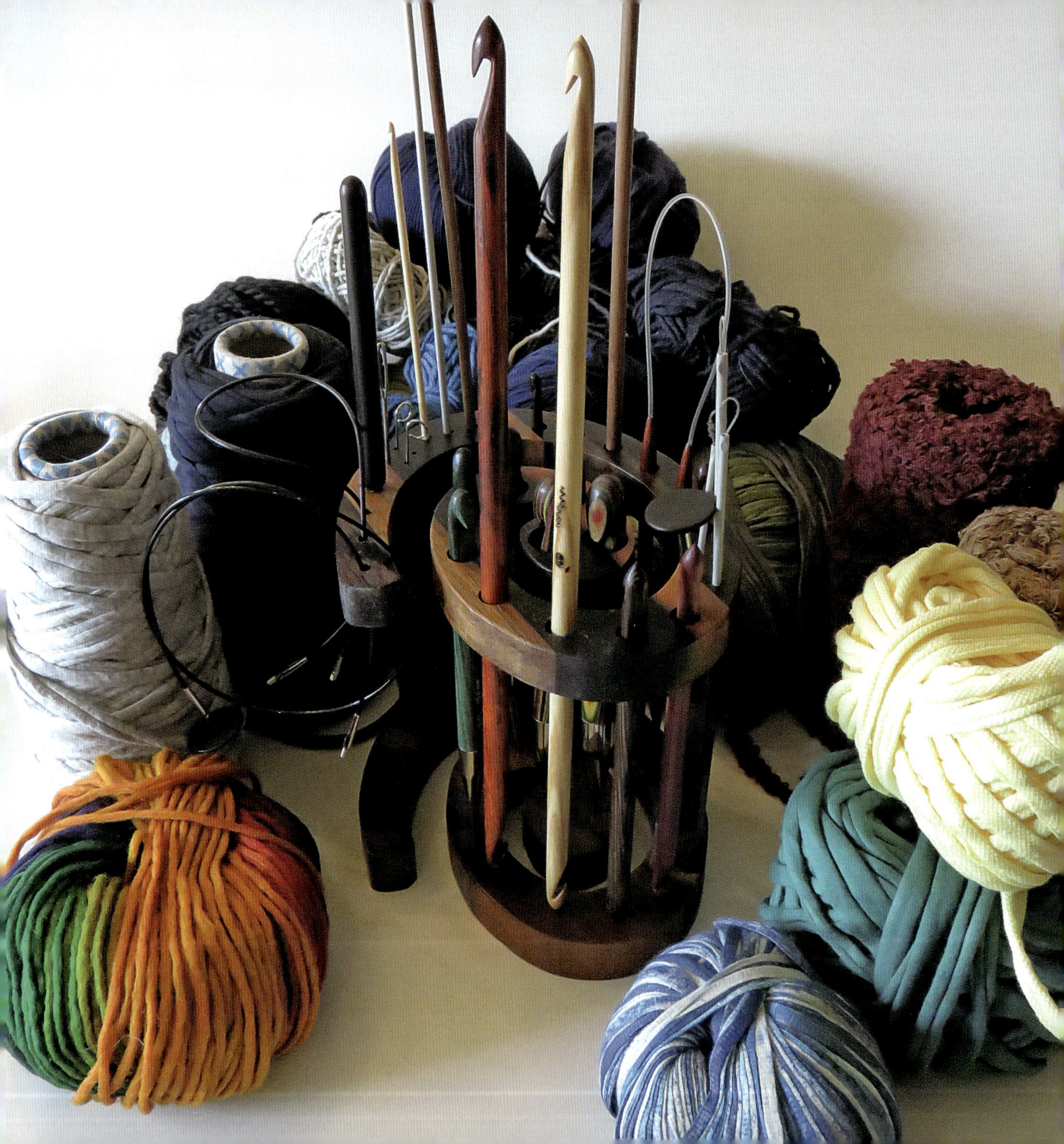

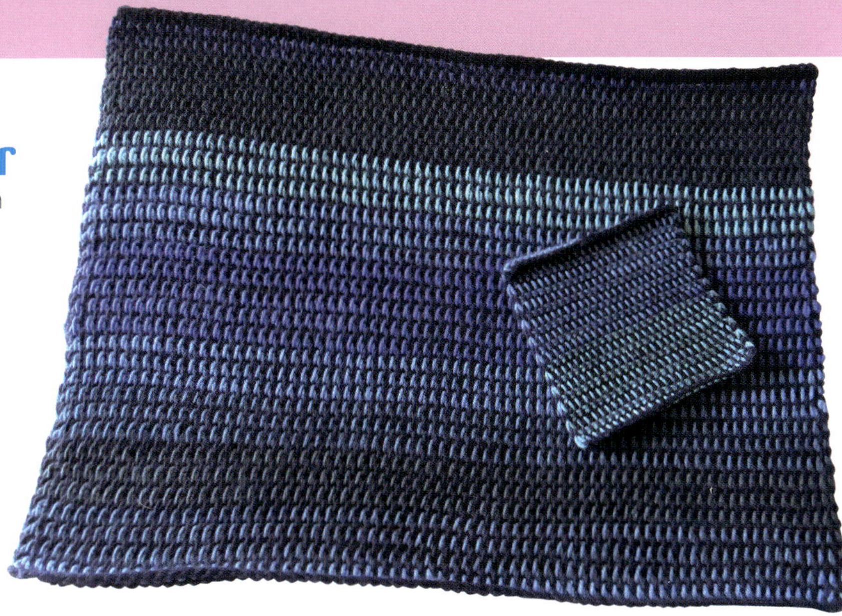

Platzset & Untersetzer

Untersetzer im zweifarbigen Grundstich
Platzset im zweifarbigen Füllstich

Techniken: Grundstich, Füllstich, Farbwechsel
Maße: Untersetzer: ca. 10 x 10 cm
Platzset: ca. 40 x 30 cm

Anleitung

Untersetzer

Der Farbwechsel findet in der Rückreihe statt.

Schlagen Sie 26 Maschen in uni Blau mit NS 3 an und arbeiten Sie die Grundreihe. Die Rückreihe wird mit der bunten Wolle gearbeitet. Nach der Grundreihe 21 Reihen im Grundstich mit dem Farbwechsel jeweils in der Rückreihe häkeln. Dabei endet die eine Farbe mit der letzten Masche der Hinreihe, für die Rückreihe und die folgende Hinreihe wird die neue Farbe genommen und am Ende der Hinreihe wieder auf die vorherige Farbe gewechselt.

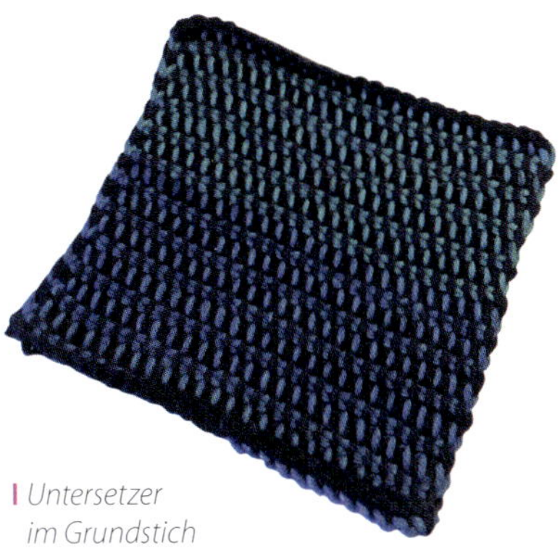

Untersetzer im Grundstich

Zuletzt die Maschen mit Kettmaschen abketten.

Platzset

Der Farbwechsel findet beim Platzset in der Hinreihe statt. Schlagen Sie 72 Maschen in uni Blau mit Nadelstärke 4 an und arbeiten die Grundreihe. Die letzten 2 Schlingen der Rückreihe mit der bunten Wolle abmaschen.

Häkeln Sie 60 Reihen im Füllstich mit dem Farbwechsel jeweils in der Hinreihe und ketten die Maschen in uni Blau mit Kettmaschen ab.

Anmerkung

Die Nadelstärke wird normalerweise 1,5–2 Nummern größer gewählt, als auf der Banderole der Wolle angegeben. Bei dem Untersetzer habe ich bewusst die kleinste auf der

MATERIAL

- 100 g Zitron Unisono, Farbe 1220
- 100 g Zitron life style, Farbe 08
- tunesische Häkelnadel Nr. 3 für den Untersetzer
- lange tunesische Häkelnadel Nr. 4 für das Platzset
- Wollnähnadel

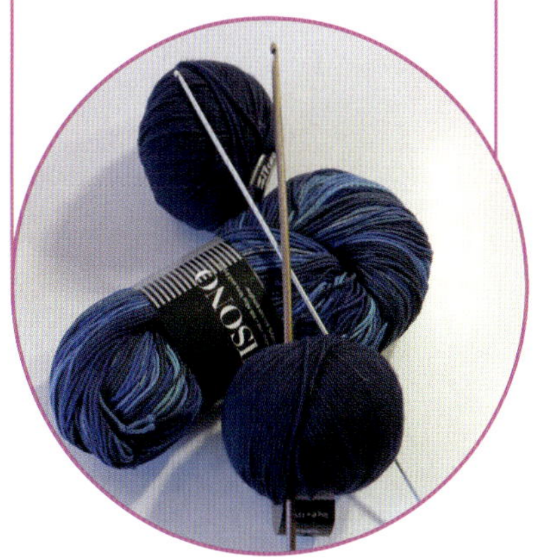

Banderole angegebene Nadelstärke gewählt, um ein sehr festes, dichtes Maschenbild zu erhalten. Das Platzset ist durch die Nadelstärke 4 etwas weicher. Wer möchte, kann den Untersetzer und das Platzset noch mit einer Reihe fester Maschen umhäkeln.

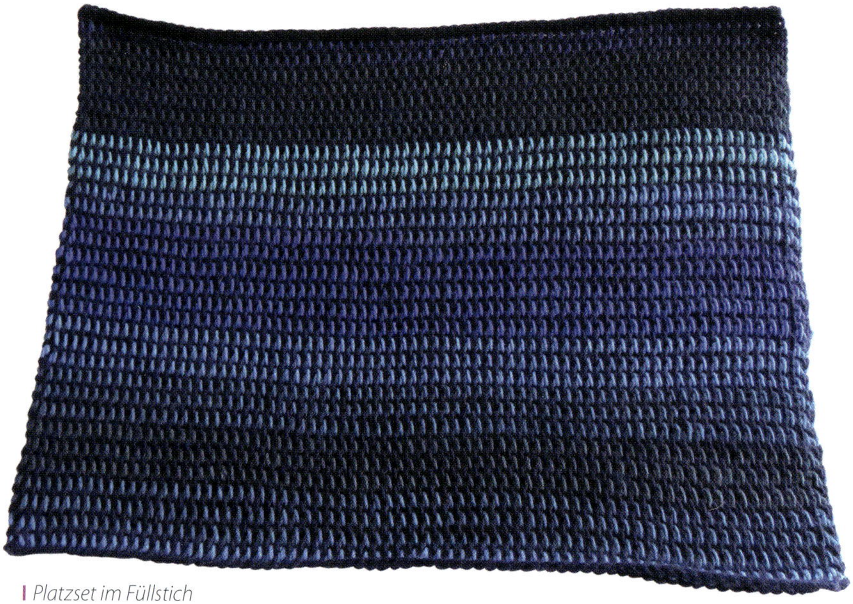

Platzset im Füllstich

Fertigstellung

Die Fäden vernähen und den Untersetzer vorsichtig mit einem Baumwolltuch darüber dämpfen.

TIPP

Während des Häkelns werden sich die Teile einrollen, doch das ist normal. Durch das leichte Dämpfen am Schluss werden die Werkstücke wieder glatt.

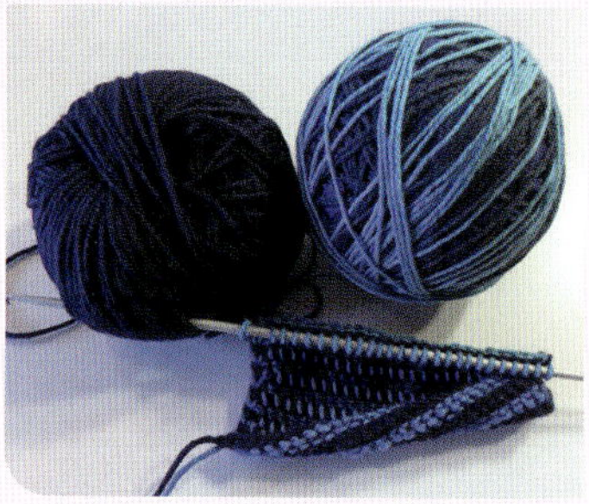

TECHNIK 1

Grundstich

Beim Grundstich wird die Nadel **von vorne und von rechts nach links** durch das vordere vertikale, also senkrechte, Maschenglied der nächsten Masche geführt. Dann der Umschlag und die Schlinge holen.

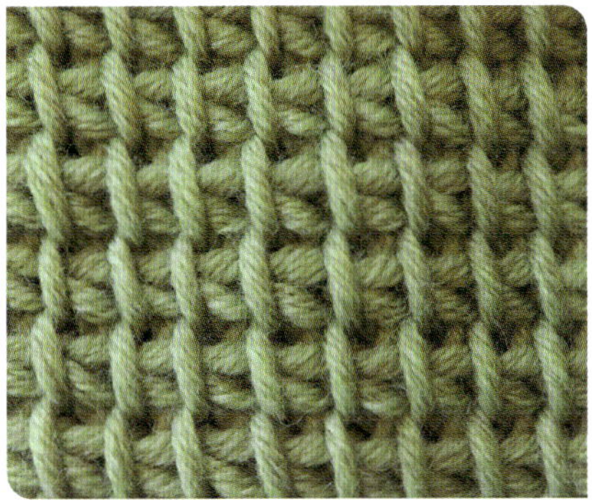

Grundstich im Detail

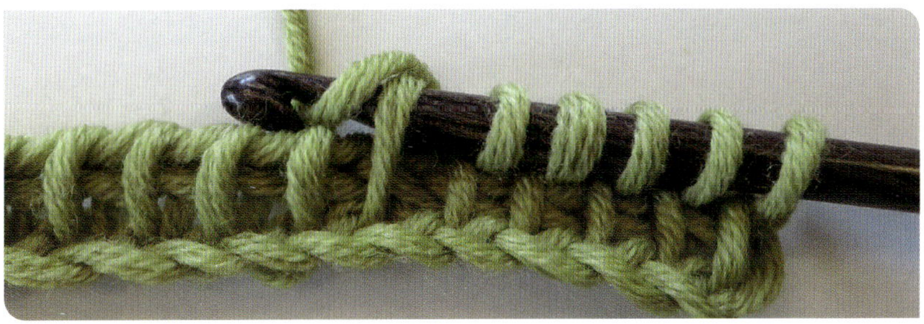

1 Schlinge auf der Nadel

Füllstich

Beim Füllstich wird die Nadel von vorne nach hinten in die Lücke **zwischen 2 Maschen** gestochen, Umschlag und Schlinge holen. Bitte beim Füllstich die Maschen mitzählen! In der ersten Reihe wird die erste „Lücke" zwischen 2 Maschen übergangen, dafür aber in die letzte Lücke eingestochen und dann noch die letzte Masche gearbeitet. In der zweiten Reihe wird in die erste „Lücke" eingestochen, dafür aber die letzte „Lücke" übergangen und die letzte Masche gearbeitet. Am einfachsten ist es, zu Anfang den Füllstich zweifarbig zu arbeiten, bei Farbe A wird in die erste Lücke eingestochen und die letzte übergangen, während bei Farbe B die erste Lücke übergangen, aber dafür in die letzte Lücke eingestochen wird.

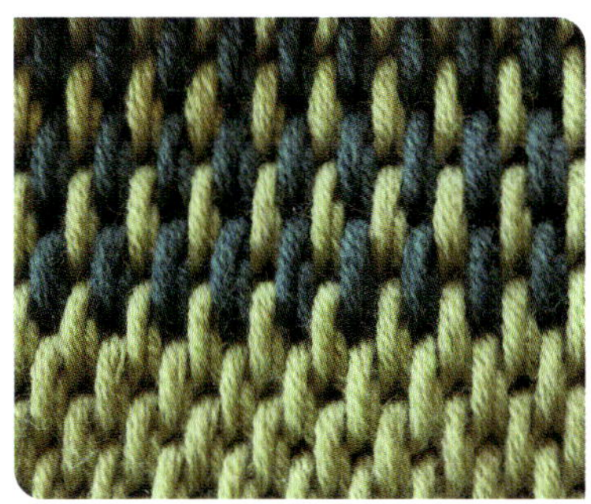

Füllstich im Detail

Farbwechsel in der Rückreihe

Beim Farbwechsel in der Rückreihe wird die zusätzliche Luftmasche mit der neuen Farbe gearbeitet. Darauf achten, die Fäden auf der Rückseite zu verkreuzen. Die neue Farbe wird aufgenommen, mit ihr werden die Rückreihe und nächste Hinreihe gearbeitet, dann wird wieder zur ersten Farbe gewechselt. Es wird also nie ein Faden abgeschnitten.

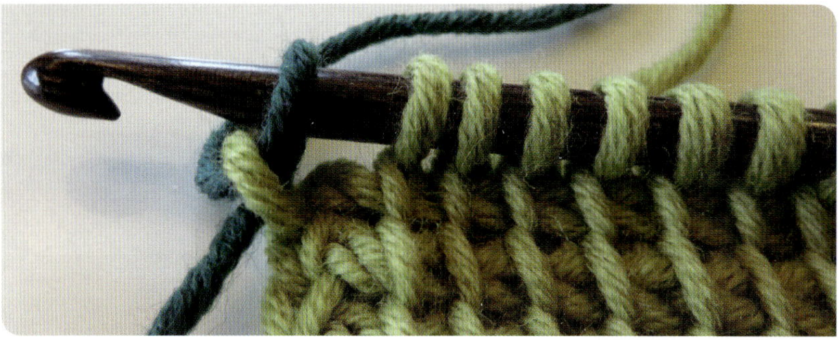

Die zusätzliche Luftmasche mit der neuen Farbe arbeiten.

Farbwechsel in der Hinreihe

Beim Farbwechsel in der Hinreihe werden die letzten 2 Schlingen der Rückreihe mit der neuen Farbe abgemascht. Darauf achten, die Fäden auf der Rückseite zu verkreuzen. Die neue Farbe wird aufgenommen, mit ihr werden die Hinreihe und die Rückreihe gearbeitet, dann wird wieder zur ersten Farbe gewechselt. Es wird also nie ein Faden abgeschnitten.

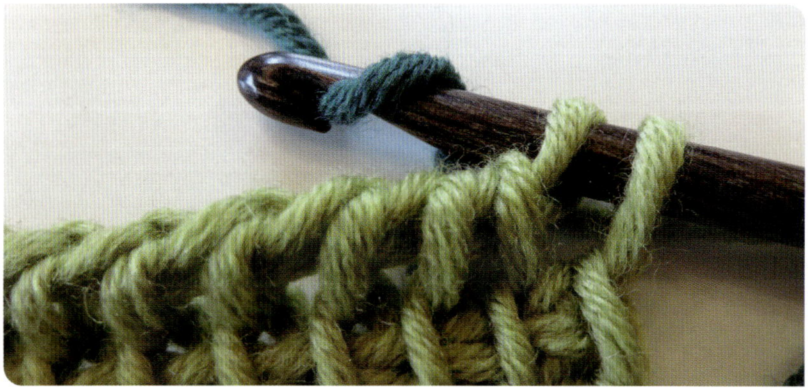

Die letzten 2 Schlingen der Rückseite mit der neuen Farbe abmaschen.

Die letzte Masche der Hinreihe

Durch beide senkrechte Maschenglieder einstechen um eine gerade, gleichmäßige linke Kante zu bekommen.

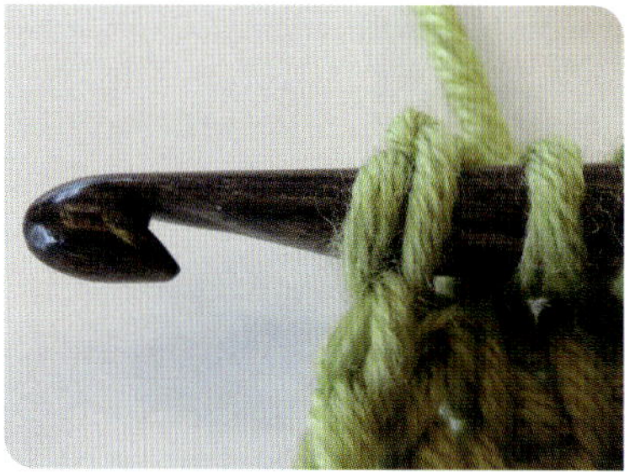

Durch beide senkrechte Maschenglieder einstechen

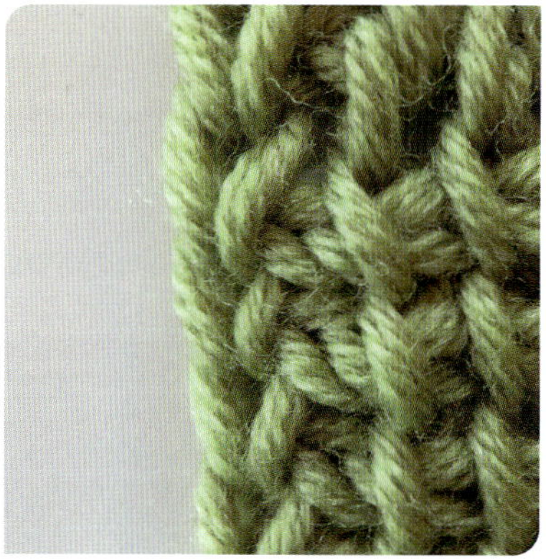

Der linke Rand sieht dann so schön gleichmäßig aus.

Die letzte Reihe oder auch Abkettreihe

Es gibt mehrere Möglichkeiten abzuketten: Kettmaschen schließen die gearbeiteten Reihen und Runden ab, es kann im Muster abgekettet werden oder auch im Grundstich.

Kettmaschen im Grundstich: wie gewohnt für den Grundstich einstechen, den Faden holen und durch die vertikale Schlaufe und durch die Schlinge auf der Nadel ziehen. So haben Sie eine Kettmasche gearbeitet. So weiterarbeiten, bis alle Maschen abgearbeitet sind, den Faden holen, ihn durch die letzte Schlinge ziehen und den Faden abschneiden. Alternativ zu den Kettmaschen kann auch mit festen Maschen abgekettet werden.

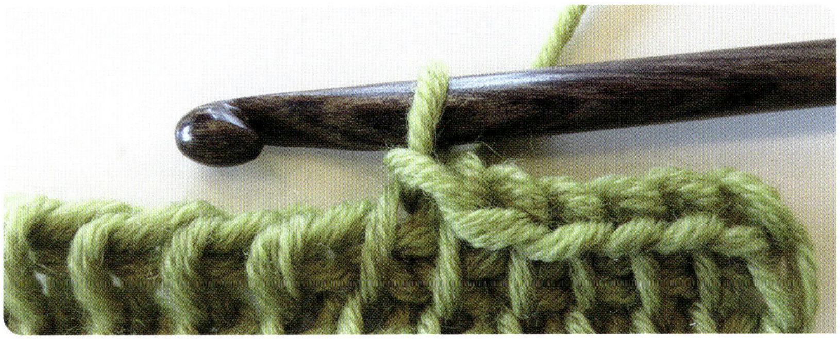

Abketten mit Kettmaschen

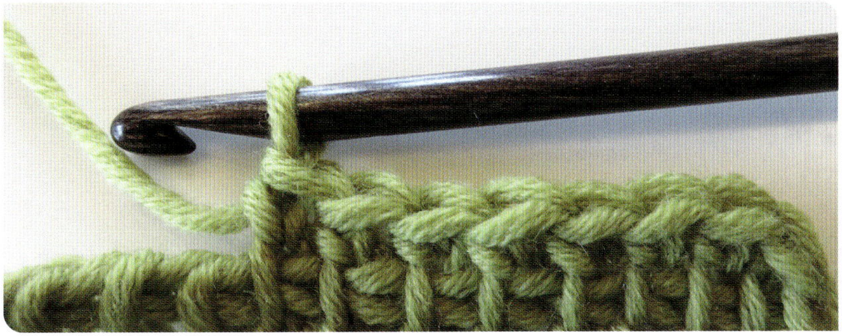

Alternative: Abketten mit festen Maschen, also einstechen wie für den Grundstich und die Schlinge auf die Nadel holen, dann einen Umschlag machen und durch beide Schlingen ziehen. So haben Sie eine feste Masche zum Abketten gearbeitet.

Platzset & Untersetzer mit verkürzten Reihen

Techniken: Grundstich, verkürzte Reihen, Farbwechsel
Maße: Untersetzer: ca. 10 cm Durchmesser
Platzset: ca. 40 cm Durchmesser

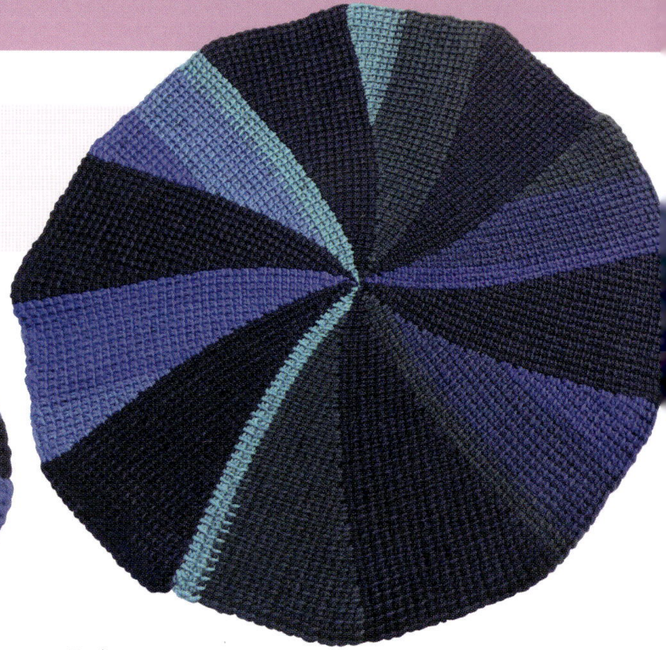

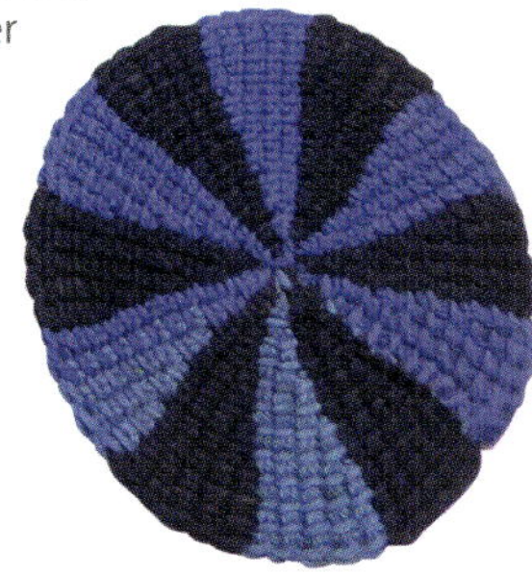

Anleitung

Untersetzer

Schlagen Sie 13 Maschen mit Nadelstärke 3 an und arbeiten Sie die Grundreihe. Schon hier für die Rückreihe keine zusätzliche Luftmasche arbeiten, sondern gleich durch 2 Schlingen abmaschen. Nun weiter mit den verkürzten Reihen: Im Grundstich in den folgenden verkürzten Reihen auf diese Maschenzahlen verkürzen: 11, 9, 7, 5.

In der folgenden Reihe dann mit der Kontrastfarbe wieder 13 Maschen auf die Nadel nehmen, diese Reihe ist die erste Reihe des 2. Abschnitts. In dieser Abfolge insgesamt 12 Abschnitte häkeln. Die letzte Reihe nach dem 12. Abschnitt ist eine Abkettreihe, sobald noch 5 Schlingen auf der Nadel sind, diese wie gehabt abmaschen und dann alle 13 Maschen mit Kettmaschen abketten, also nicht die 13 Maschen wieder als Schlingen auf die Nadel holen, sondern diese 13 Maschen abketten.

MATERIAL

- 100 g Zitron Unisono, Farbe 1220
- 100 g Zitron life style, Farbe 08
- tunesische Häkelnadel Nr. 3 für den Untersetzer
- lange tunesische Häkelnadel Nr. 4 für das Platzset
- Wollnähnadel

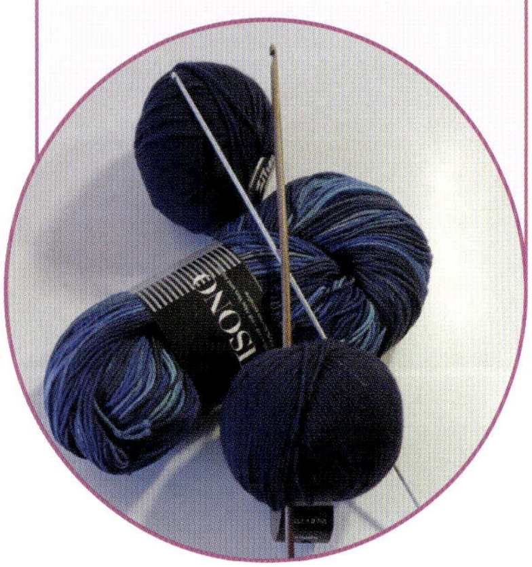

Platzset

Schlagen Sie 41 Luftmaschen mit Nadelstärke 4 an und arbeiten Sie die Grundreihe. Schon hier für die Rückreihe keine zusätzliche Luftmasche arbeiten, sondern gleich durch 2 Schlingen abmaschen.

Nun weiter mit den verkürzten Reihen. Im Grundstich in den folgenden, verkürzten Reihen auf diese Maschenzahlen verkürzen: 39, 37, 35, 33, 31, 29, 27, 25, 23, 21, 19, 17, 15, 13, 11, 9, 7, 5.

In der folgenden Reihe dann mit der Kontrastfarbe wieder 41 Maschen auf die Nadel nehmen. Diese ist die erste Reihe des 2. Abschnittes. In dieser Abfolge insgesamt 12 Abschnitte häkeln.

Die letzte Reihe nach dem 12. Abschnitt ist eine Abkettreihe. Sobald noch 5 Schlingen auf der Nadel sind, diese wie gehabt abmaschen und dann die 41 Maschen mit Kettmaschen abketten, also nicht die 41 Maschen wieder als Schlingen auf die Nadel holen, sondern diese 41 Maschen abketten.

Anmerkung

Die Nadelstärke wird normalerweise 1,5–2 Nummern größer gewählt, als auf der Banderole der Wolle angegeben. Bei dem Untersetzer habe ich bewusst die kleinste auf der Banderole angegebene Nadelstärke gewählt, um ein sehr festes, dichtes Maschenbild zu erhalten. Das Platzset ist durch die Nadelstärke 4 etwas weicher.

Fertigstellung

Die Fäden vernähen, die Mittelnähte schließen und das Platzset und den Untersetzer vorsichtig mit einem Baumwolltuch darüber dämpfen.

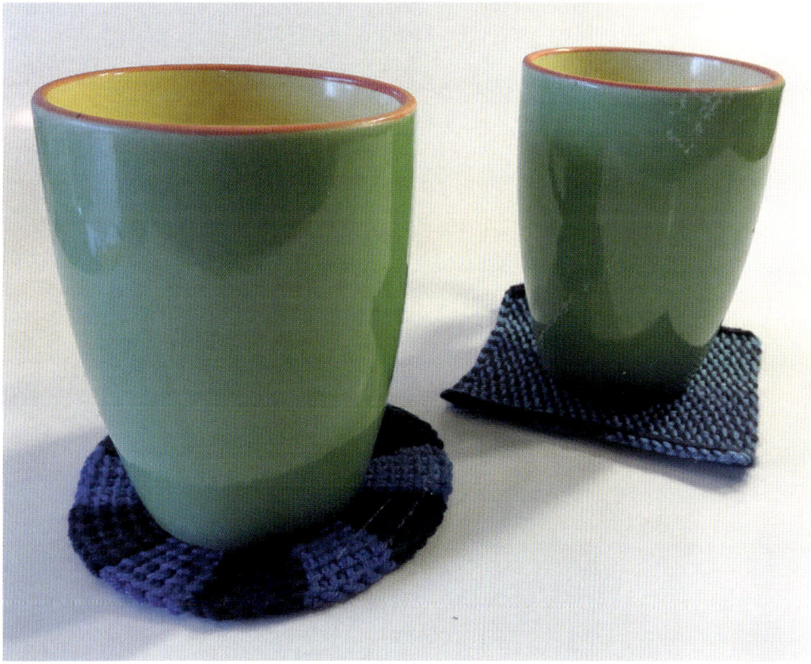

Rund oder eckig? Am besten beide!

TECHNIK 2

Verkürzte Reihen häkeln

Durch die verkürzten Reihen entstehen sozusagen „Keile“. Dabei ist die rechte Seite die hohe Seite und die linke Seite läuft spitzt zu, es werden also immer weniger Maschen in der Hinreihe gehäkelt und die Rückreihen beginnen ohne zusätzliche Luftmasche.

Die in der Anleitung angegebene Luftmaschenzahl anschlagen und die Grundreihe arbeiten. Auch hier die Rückreihe ohne zusätzliche Luftmasche arbeiten.

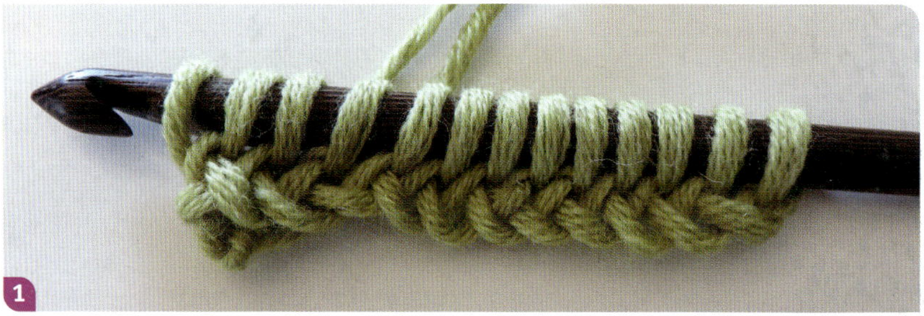

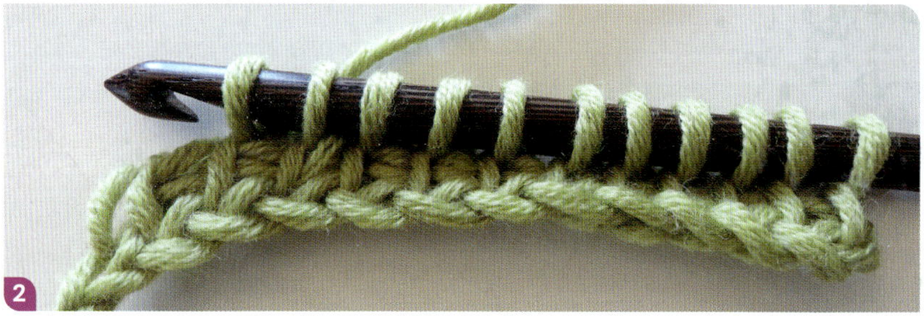

In der nächsten Hinreihe bis vor die letzte Masche häkeln und dann die Rückreihe …

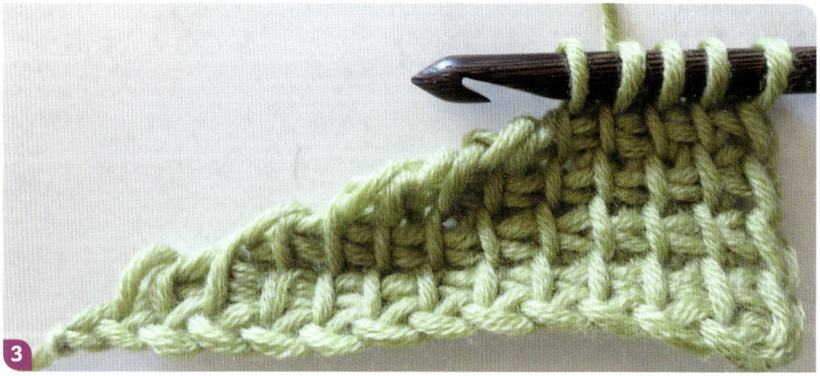

… so weiterhäkeln, bis nur noch die in der Anleitung angegebenen Schlingen auf der Nadel sind.

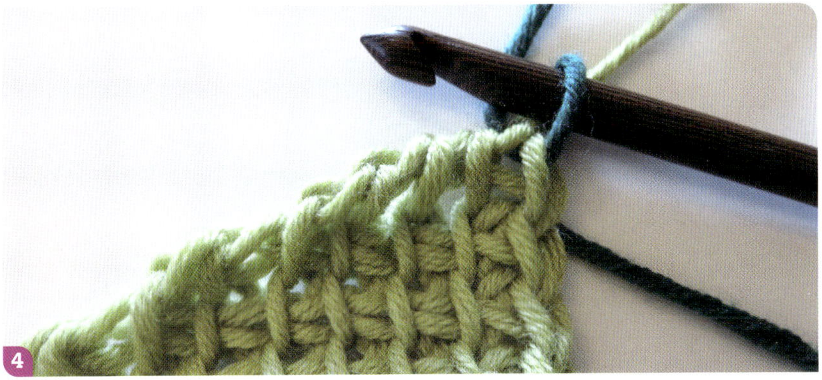

4

In der nächsten Reihe – das ist schon die erste Reihe des nächsten Keils – alle nicht gehäkelten Maschen auf die Nadel nehmen.

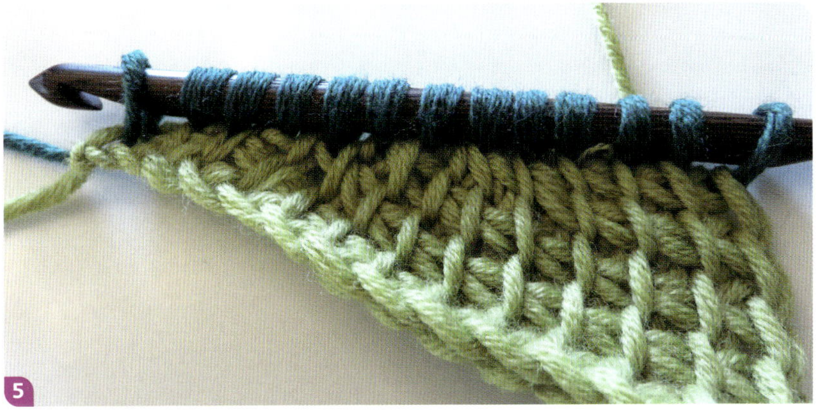

5

Die letzte Masche aller Reihen, in denen wieder alle Maschen auf die Nadel geholt werden, wird immer in die gleiche Masche eingestochen. Das ist die Mitte des Kreises.

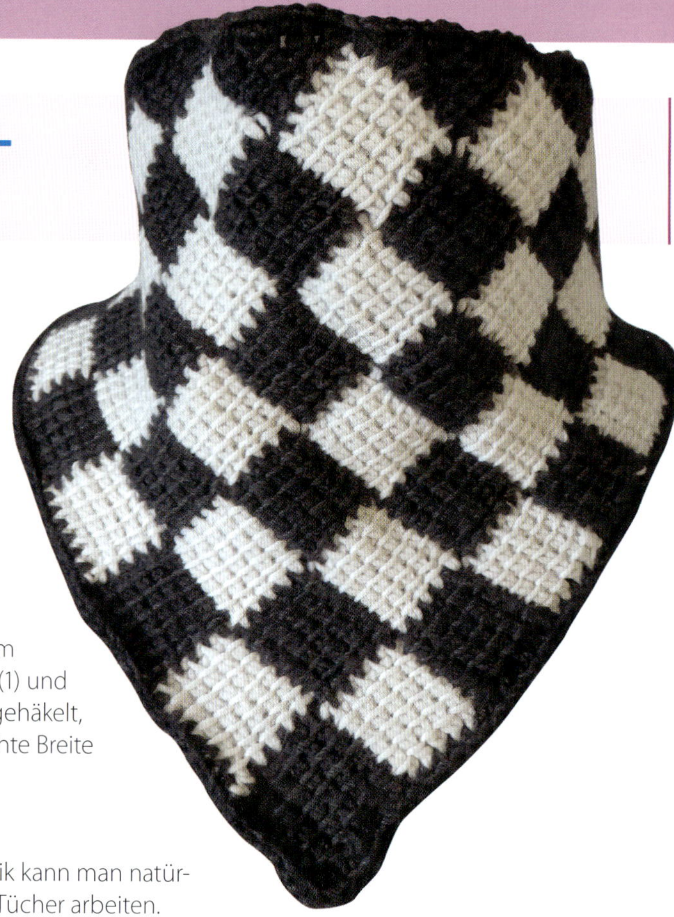

Kleines Halstuch in Entrelac-Technik „Von Ecke zu Ecke“

Techniken: Entrelac im Grundstich, Farbwechsel
Maße: Die lange Seite ist von Spitze zu Spitze 58 cm lang. Bitte den gewünschten Halsumfang abmessen und ggf. die Reihenanzahl anpassen.

MATERIAL

- je 50 g Lana Grossa Merino, fine anthrazit und wollweiß
- (tunesische) Häkelnadel Nr. 5 (Entrelac kann auch mit einer normalen Häkelnadel gearbeitet werden)
- Häkelnadel Nr. 3,5
- Wollnähnadel
- 1 Druckknopf zum Annähen

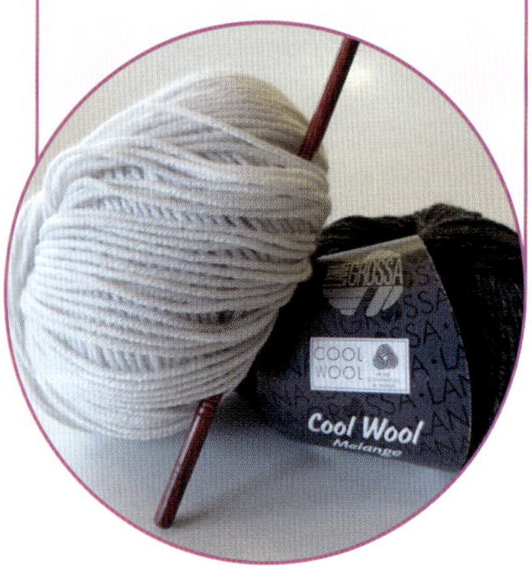

Anleitung

Es wird mit einem Karo begonnen (1) und so viele Reihen gehäkelt, bis die gewünschte Breite erreicht ist.

Anmerkung

Mit dieser Technik kann man natürlich auch große Tücher arbeiten.

Fertigstellung

Die Seiten mit der Häkelnadel Nr. 3,5 mit einer Reihe fester Maschen umhäkeln, die Fäden vernähen und den Druckknopf annähen. Das Halstuch ggf. leicht dämpfen, falls sich die Ränder einrollen.

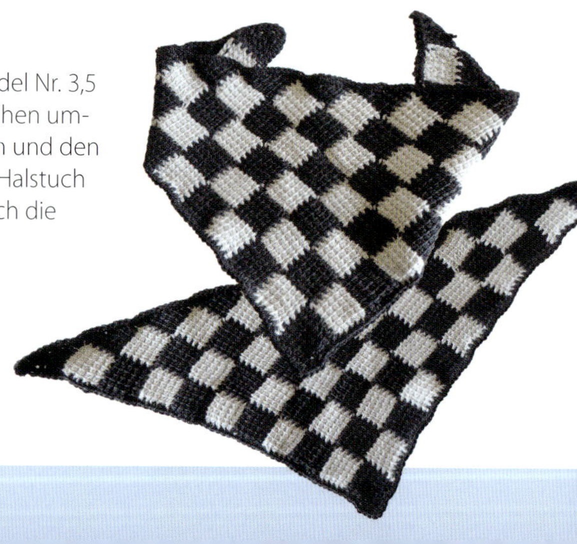

TECHNIK 3

Entrelac „Von Ecke zu Ecke"

Für das erste Karo 7 Luftmaschen anschlagen und 5 Reihen im Grundstich arbeiten, dann die Maschen abketten.

Die zweite Farbe mit einer Fadenschlinge auf die Nadel nehmen, durch die rechte Ecke des ersten Karos ziehen und 7 Luftmaschen anschlagen, die letzte Luftmasche ist wieder die erste Schlinge der nächsten Reihe. Holen Sie 7 Schlingen aus den Luftmaschen auf die Nadel. Nun durch das querliegende Maschenglied des ersten Karos stechen, den Faden umschlagen und durch die 7. Schlinge ziehen, auf diese Weise entstehen keine Löcher. Diese „Verbindung" kann man als Ersatz für die zusätzliche Luftmasche sehen. Nun wieder den Faden umschlagen und durch 2 Schlingen ziehen, wie gewohnt.

Insgesamt 5 Reihen hochsträkeln und die Maschen abketten.

Für alle Karos auf der linken Seite werden einfach nur die Maschen aus der geraden Kante des darunterliegenden Karos aufgenommen und 5 Reihen hochgesträkelt. Die Rückreihen der Karos auf der linken Seite beginnen immer, wie gewohnt, mit einer zusätzlichen Luftmasche.

5 Reihen im Grundmuster sträkeln und dann die Maschen abketten. Auf diese Weise weiterarbeiten, bis die gewünschte Breite erreicht ist.

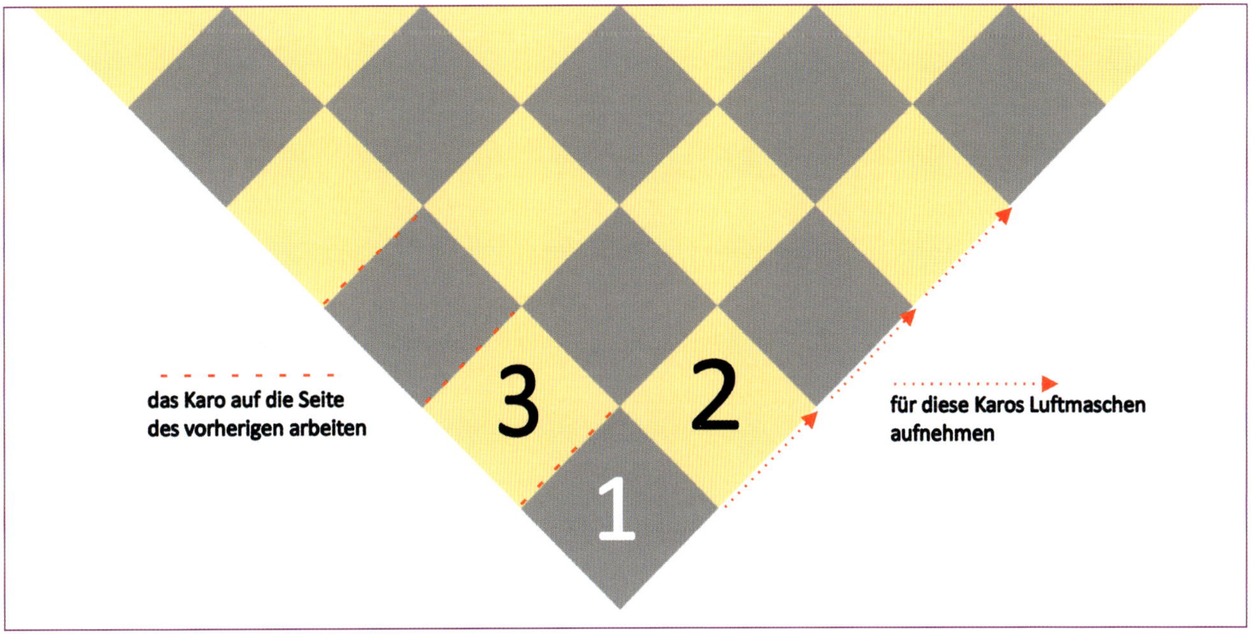

Es wird mit einem Karo begonnen (1) und in Reihen gearbeitet, bis die gewünschte Breite erreicht ist.

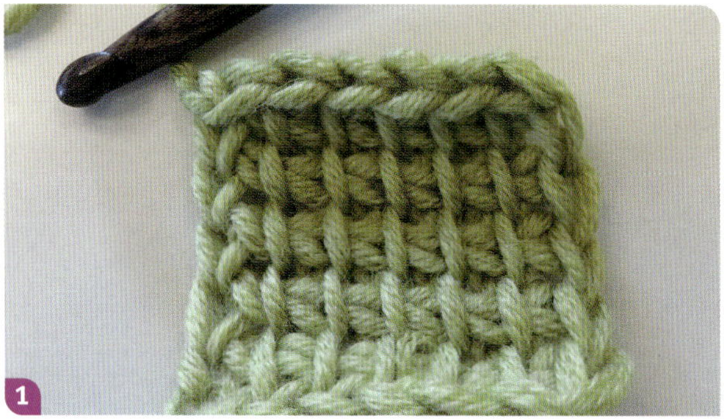

1

Das Startkaro

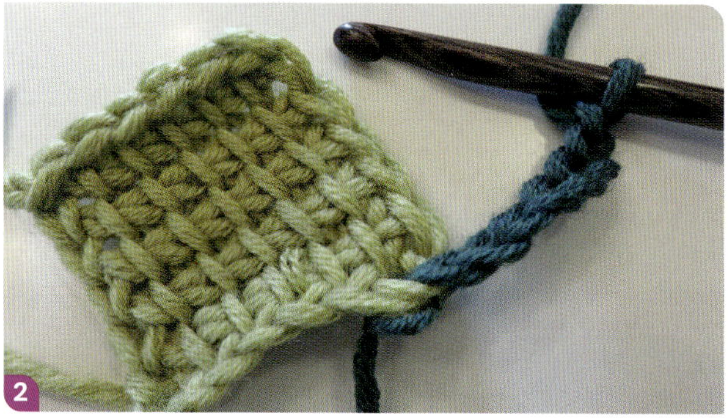

2

Luftmaschen für das zweite Karo aufnehmen.

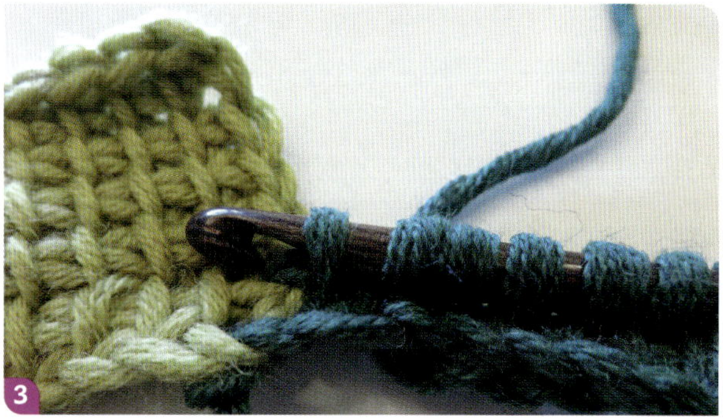

3

Einstechen für die Verbindung

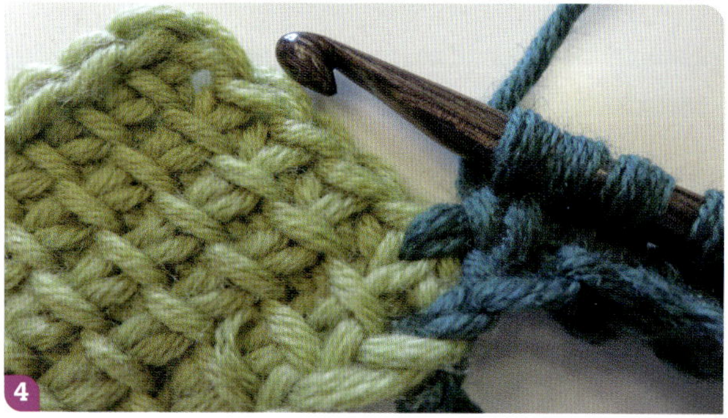

4

So sieht die Verbindung dann aus.

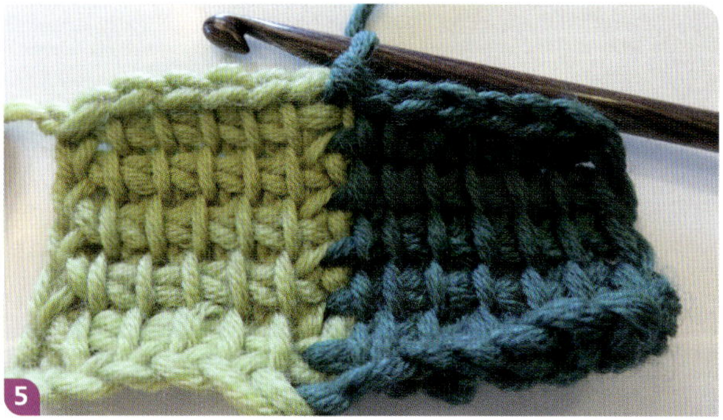

5

Das zweite Karo ist fertig.

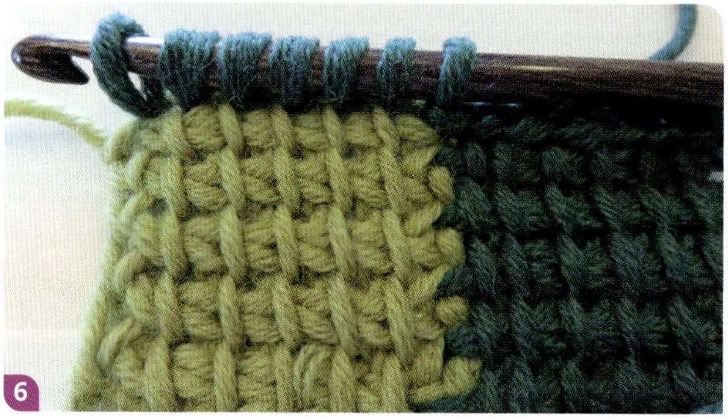

6

Die Schlingenaufnahme für das dritte Karo

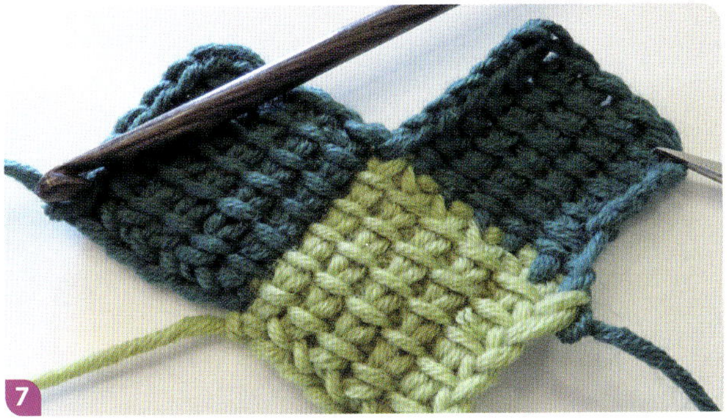

Das dritte Karo ist fertig!

Entrelac-Fülldreiecke

Für das erste Dreieck 7 Luftmaschen anschlagen, 7 Schlingen auf die Nadel holen und in der Rückreihe die letzten 3 Maschen zusammenabmaschen = 1 Abnahme. So weiterarbeiten, bis alle Maschen abgemascht sind.

Die nächsten Dreiecke aus den „Winkeln" arbeiten und für das letzte Dreieck die 7 Schlingen aus der Seite des angrenzenden Karos aufnehmen. Die Rückreihen wie vorher arbeiten.

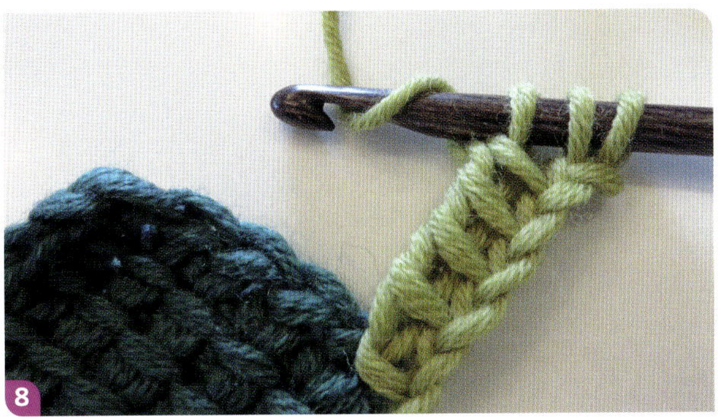

Diese letzten 3 Schlingen in der Rückreihe gemeinsam abmaschen.

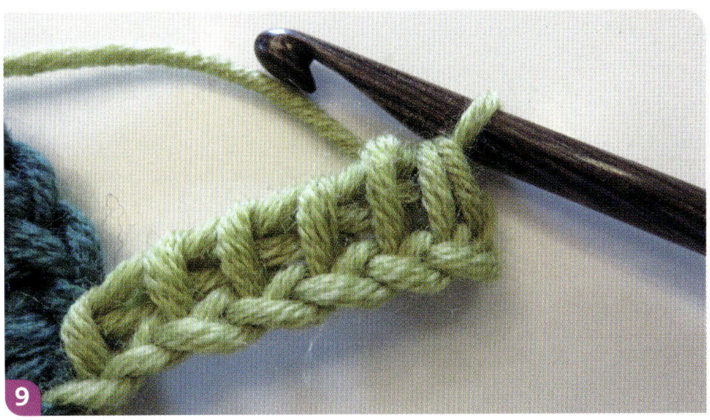

In der folgenden Hinreihe wie gewohnt arbeiten.

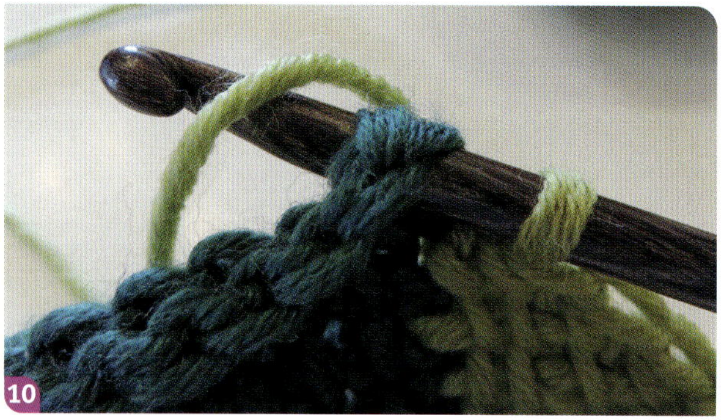

Die Schlingen für das nächste Abschlussdreieck aufnehmen.

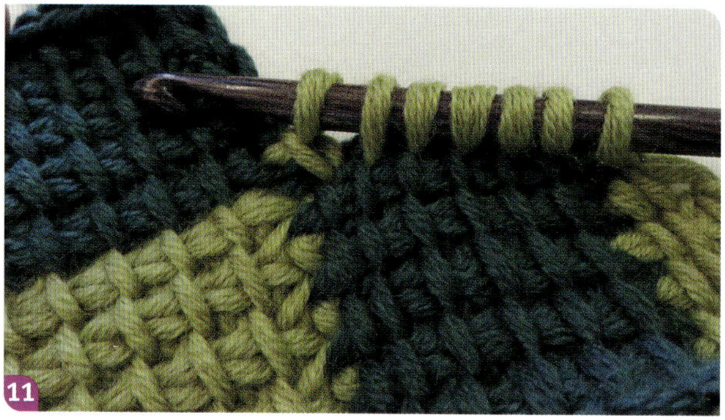

Wieder 7 Schlingen auf der Nadel

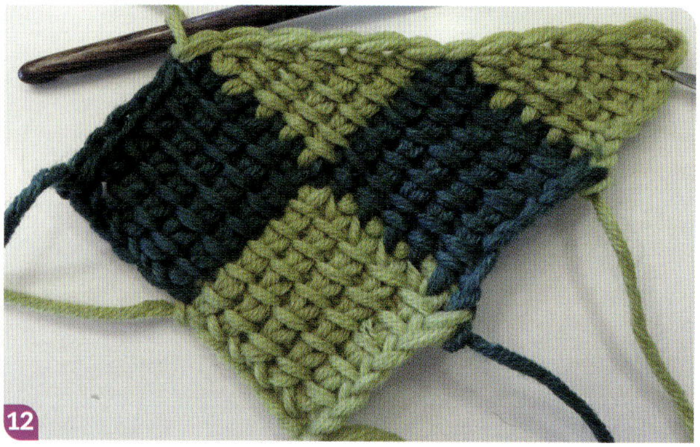

Zwei Abschlussdreiecke für eine gerade Abschlusskante sind fertig.

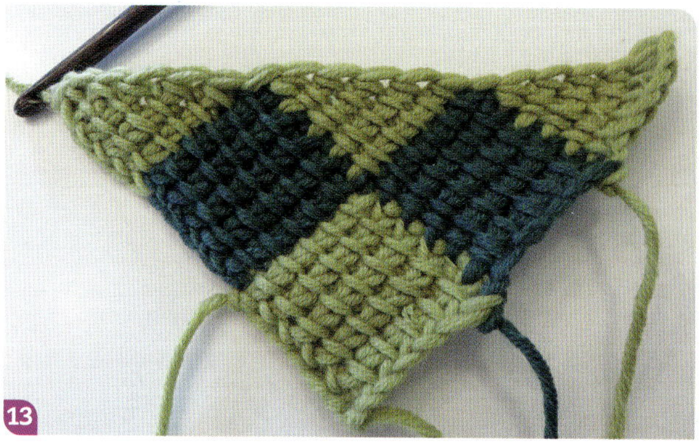

Gerade Abschlusskante

Tablet-Hülle im „honeycomb“ – das Honigwabenmuster in Runden

Techniken: in Runden sträkeln, tunesischer Grundstich, tunesische linke Maschen
Maße: Bitte messen Sie Ihr eigenes Tablet ab und passen Sie die Größe ggf. an.

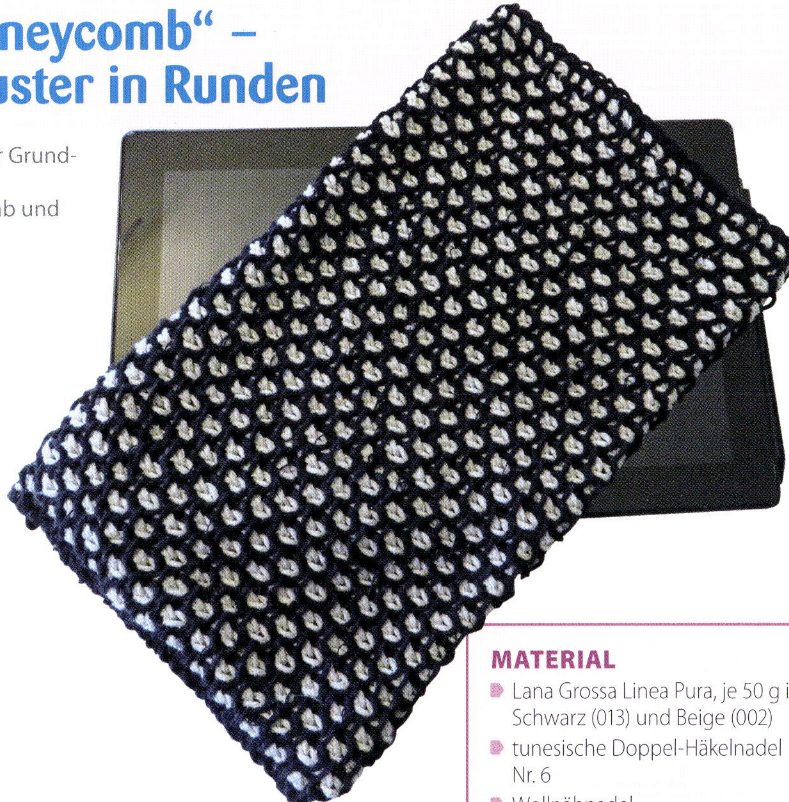

Anleitung

Schlagen Sie eine ungerade Maschenanzahl an – bei der abgebildeten Tablet-Hülle habe ich 51 Luftmaschen und 34 Runden gearbeitet – und arbeiten Sie bis zur gewünschten Höhe in Runden.

Die abgebildete Tablet-Hülle ist für ein Tablet mit der Größe 17,5 x 28 cm gedacht.

In Runden 1 Masche im Grundstich und 1 tunesische linke Masche im Wechsel sträkeln, durch die ungerade Maschenanzahl entsteht automatisch das Honigwabenmuster.

Anmerkung

Eine Tablet-Hülle sollte ein etwas festeres Maschenbild haben, aber trotzdem dehnbar sein. Aus diesem Grund wird die Wolle – laut Banderole für Nadelstärke 4,5–5 – mit einer tunesischen Doppelnadel in Stärke 6 gesträkelt.

MATERIAL

- Lana Grossa Linea Pura, je 50 g in Schwarz (013) und Beige (002)
- tunesische Doppel-Häkelnadel Nr. 6
- Wollnähnadel

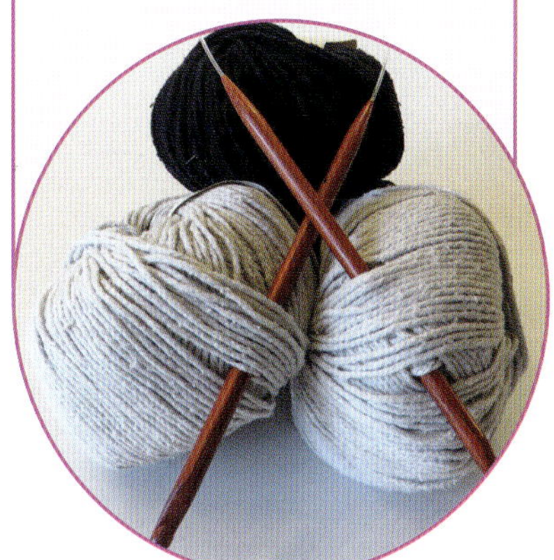

Fertigstellung

Die untere Seite von links zusammennähen, die offene Seite aber nach Wunsch noch mit festen Maschen oder Krebsmaschen umhäkeln. Alle Fäden vernähen.

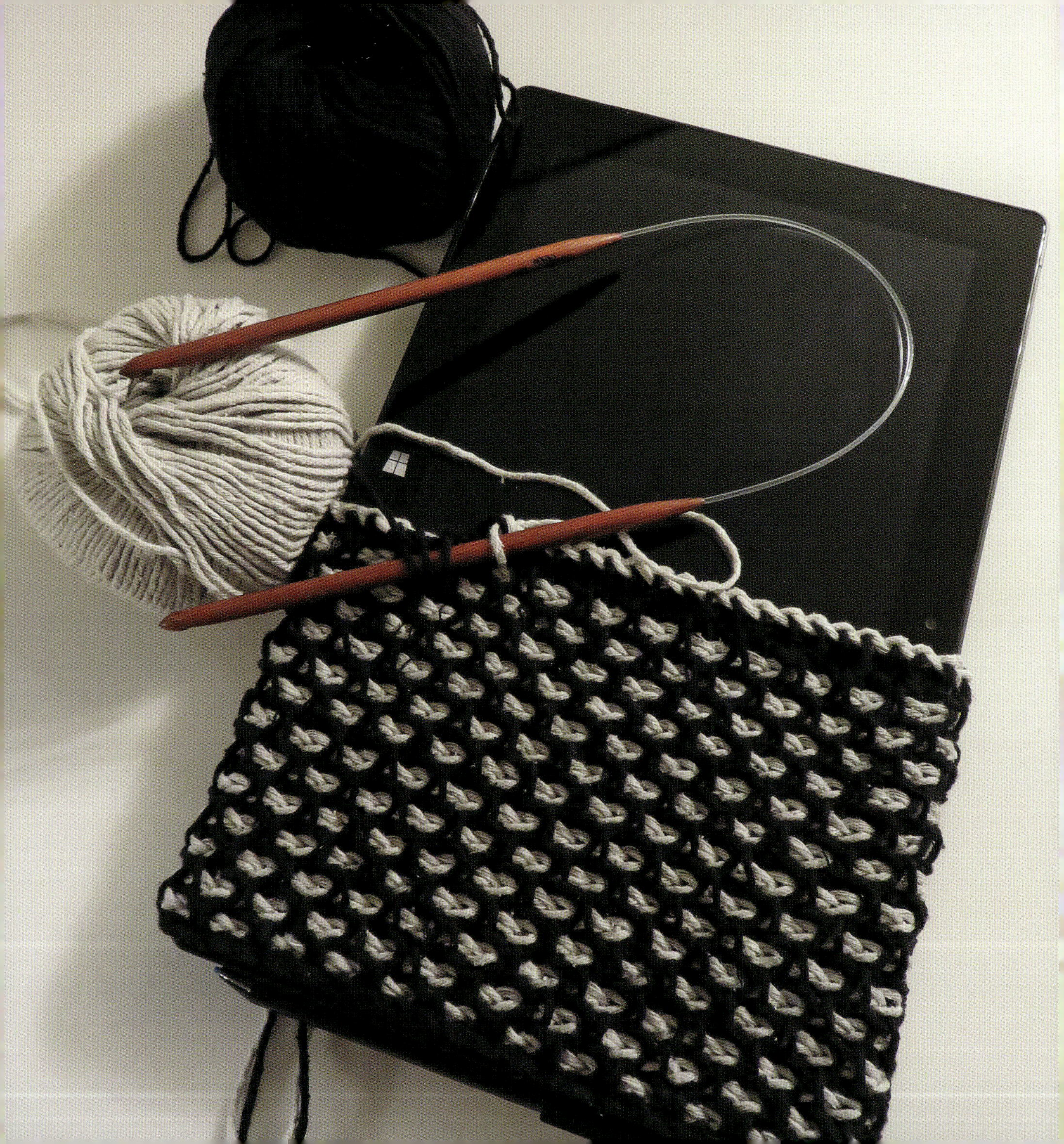

TECHNIK 4

Die tunesische linke Masche

Bei den linken Maschen wird die Nadel von vorne mit dem Faden vorne durch das senkrechte Maschenglied geführt, dann den Faden umschlagen und durchziehen = 1 Schlinge auf der Nadel. Es wird in der Hinreihe also Masche für Masche auf die Nadel geholt und die Rückreihe wird wie „immer" abgemascht. Bei diesem Stich wird ausschließlich auf der Vorderseite gearbeitet.

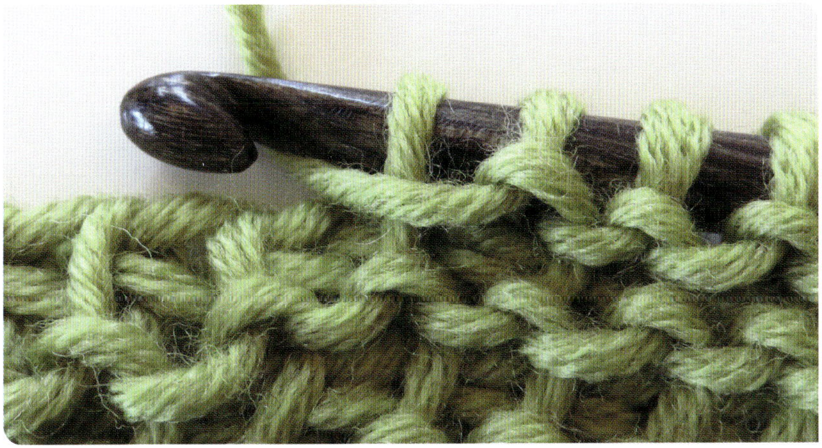

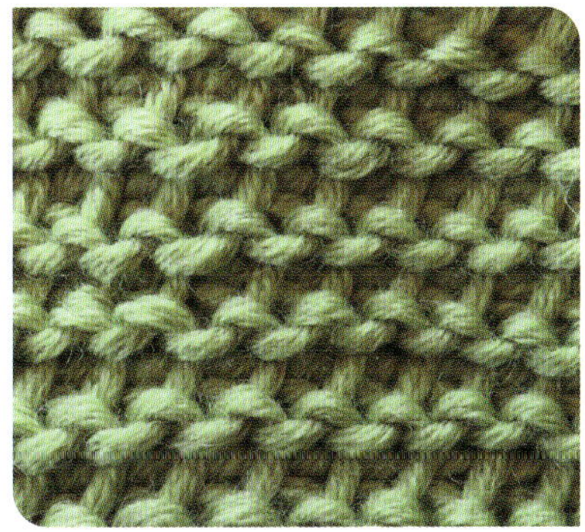

Die tunesische linke Masche

In Runden tunesisch häkeln

Das Sträkeln in Runden wird mit einer Doppelnadel und 2 Knäueln Wolle gearbeitet. Die Schlingen werden mit der einen Seite der Nadel und dem einen Knäuel aufgenommen und mit der anderen Seite der Nadel und dem anderen Knäuel werden die Maschen wieder abgemascht.

Die Runden werden nicht „geschlossen", es wird also in Spiralen gearbeitet, was gerade bei Mustern wichtig ist zu wissen.

Eine Luftmaschenkette anschlagen und diese mit einer Kettmasche zur Runde schließen, dabei darauf achten, dass die Luftmaschenkette nicht in sich verdreht ist. Alternativ können Sie zuerst eine Reihe feste Maschen arbeiten und dann erst zur Runde schließen.

Nun aus jeder Luftmasche eine Schlinge aufnehmen. Wenn Sie merken, dass Sie nicht mehr „um die Kurve kommen", drehen Sie die Arbeit um 180 Grad, sodass die Innenseite zu Ihnen schaut, und maschen mit dem anderen Haken die Schlingen ab, bis nur noch zwei Schlingen auf der Nadel sind. Nun wieder mit dem ersten Haken die Schlingen auf die Nadel holen. So weiter arbeiten, bis die gewünschte Höhe erreicht ist.

Die Bilder zeigen das Sträkeln in Runden im Grundstich. Unsere Tablet-Hülle wird im Grundstich und in tunesischen linken Maschen im Wechsel gearbeitet.

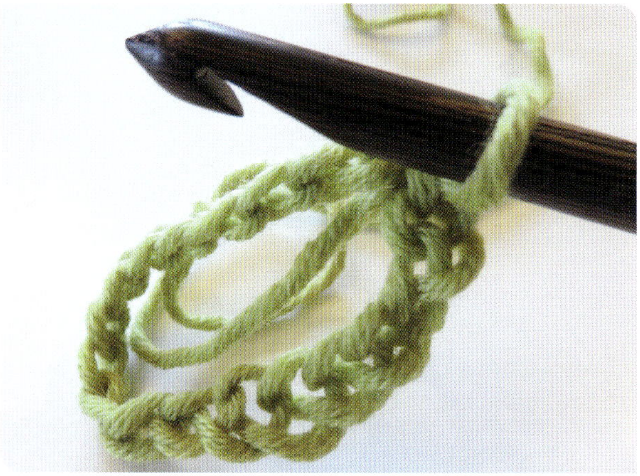

Luftmaschen mit Farbe A aufnehmen und zum Ring schließen.

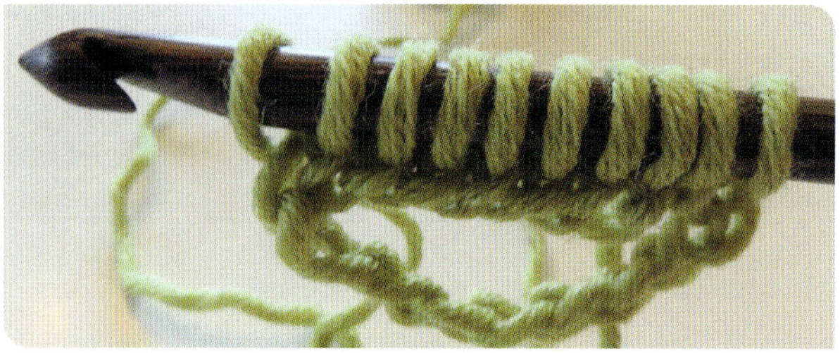

Schlingen aufnehmen.

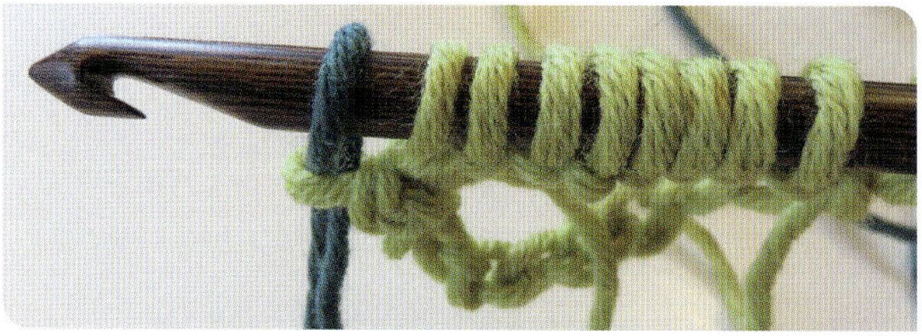

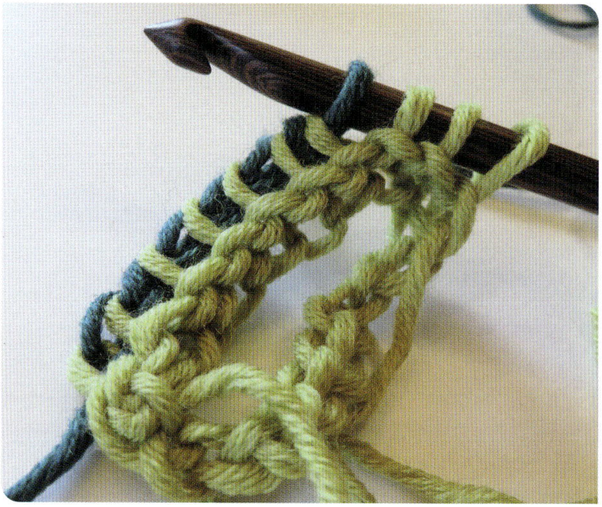

Farbe B auf der anderen Nadelseite anschlagen, eine Luftmasche machen und die Schlingen abmaschen.

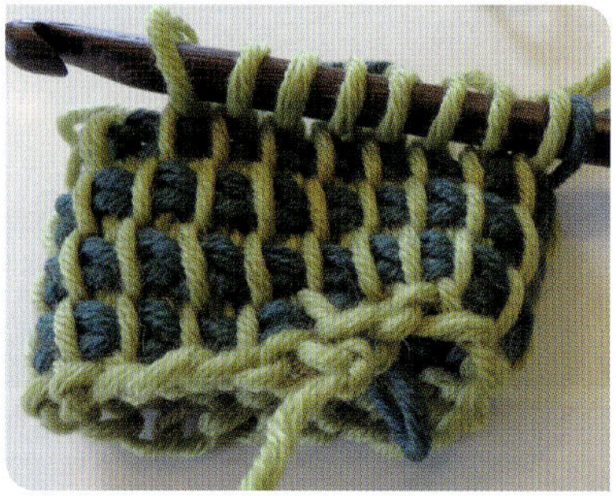

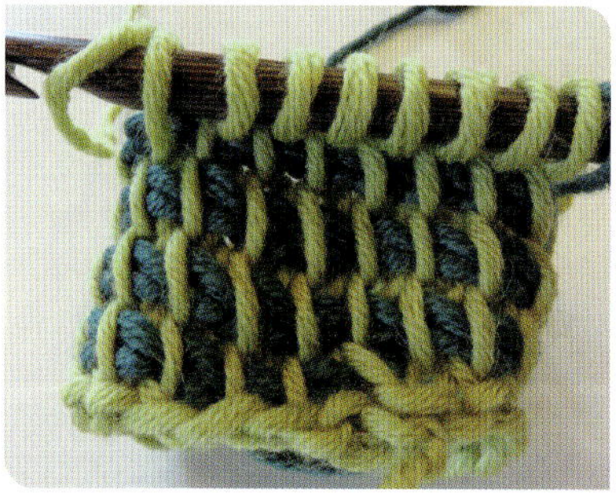

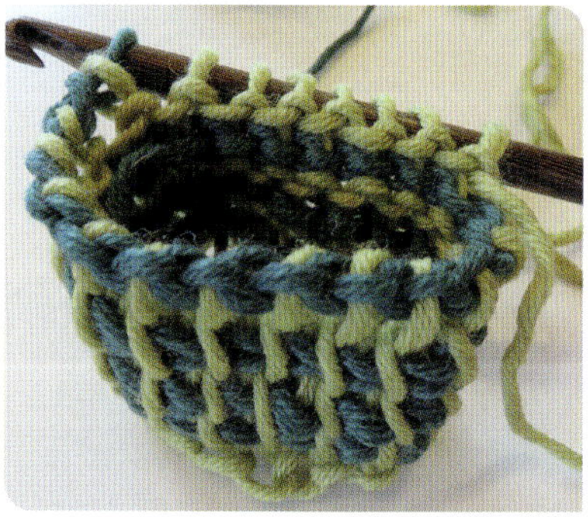

Dann wieder mit Farbe A Schlingen aufnehmen und mit Farbe B die Schlingen abmaschen.

Kissenbezug
Vorderseite im Spiralmuster

Techniken: Grundstich, Spiralen mit Entrelac-Verbindung
Maße: 40 x 40 cm

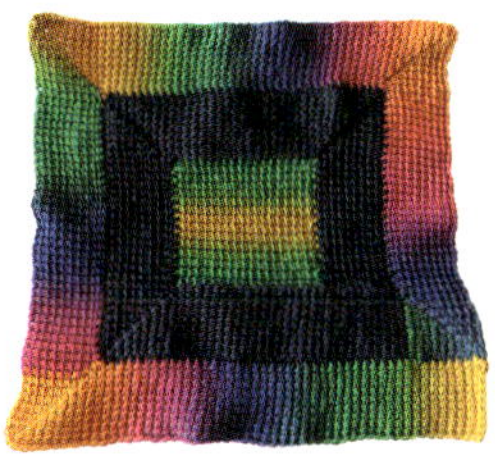

Vorderseite

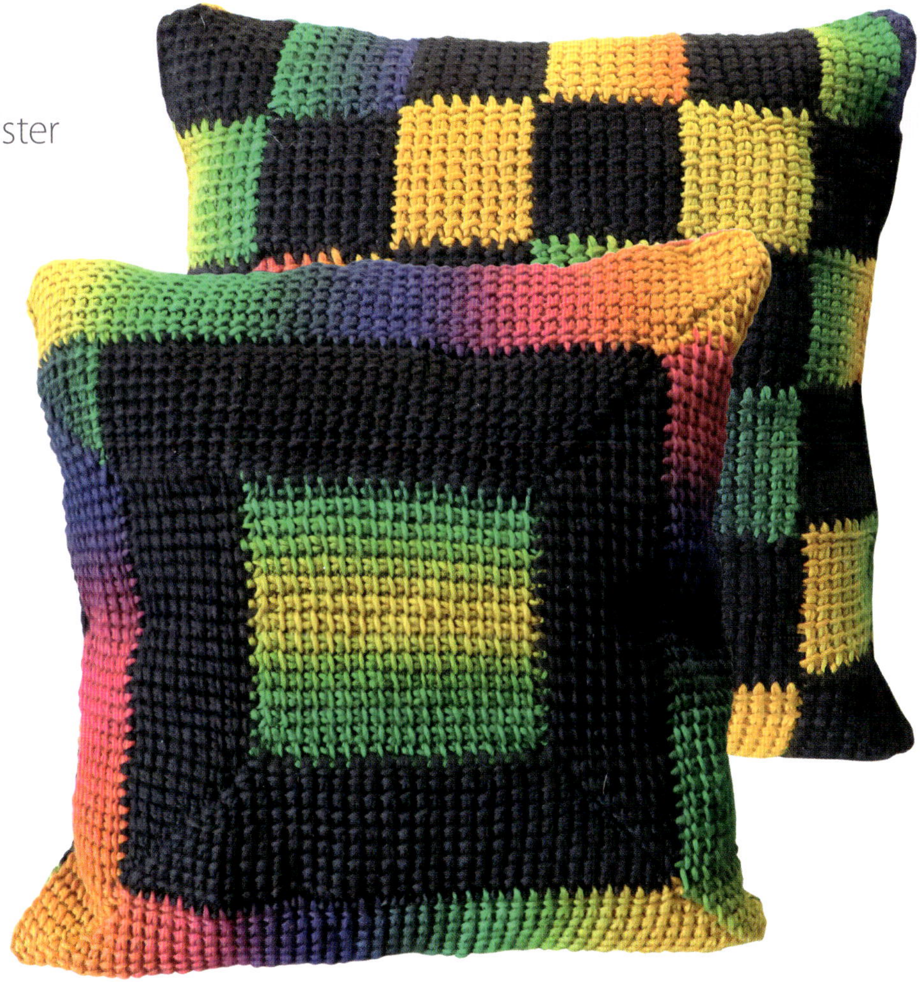

MATERIAL

- Schoppel Reggae Ombre, uni dunkelblau und kunterbunt
- tunesische Häkelnadel Nr. 7
- Wollnähnadel

Für beide Kissen

100 g Schoppel Reggae Ombre, uni dunkelblau

150 g Schoppel Reggae Ombre, kunterbunt

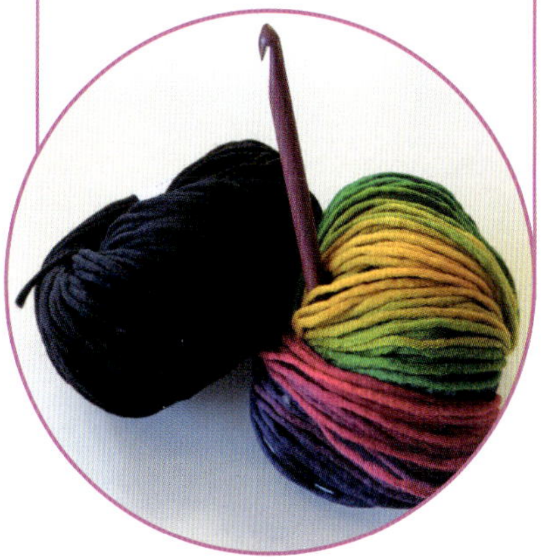

Anleitung

Mit der Farbe Kunterbunt ein Quadrat aus 20 Maschen und 14 Reihen arbeiten (14 Reihen ohne die Grundreihe und die Abkettreihe). Anschließend 1 Spirale in Dunkelblau und 1 Spirale in Kunterbunt häkeln.

Anmerkung

Auf diese Art und Weise können beliebig große Kissen – oder auch Decken – gearbeitet werden.

Fertigstellung

Alle Fäden vernähen.

TECHNIK 5

10-Maschen-Spiralmuster

Das Mittelquadrat: 20 Luftmaschen anschlagen und mit 14 Reihen ein Quadrat arbeiten, alle Maschen abketten.

Mit der Kontrastfarbe eine Fadenschlinge auf die Nadel nehmen, an einer Ecke des Quadrates anschlingen und 10 Luftmaschen arbeiten.

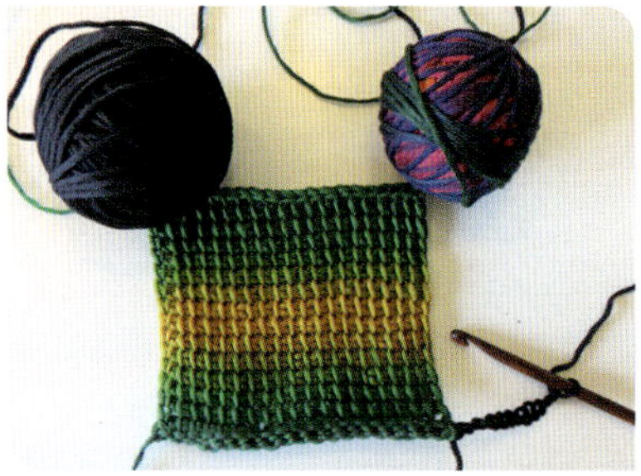

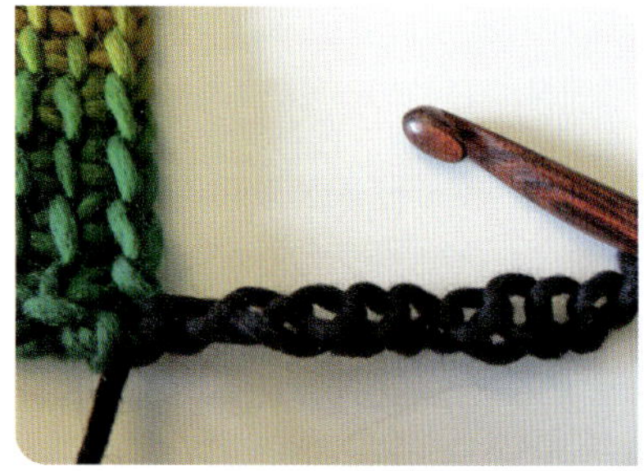

Entrelac-Verbindung für die Spiralen

Nehmen Sie 10 Schlingen auf die Nadel, stechen Sie durch die Seitenmasche des Mittelquadrates bzw. der vorherigen Spirale und holen eine Schlinge. Ziehen Sie diese durch eine Masche von der Nadel, dann weiter normal abmaschen (Schlinge holen und durch 2 Maschen ziehen).

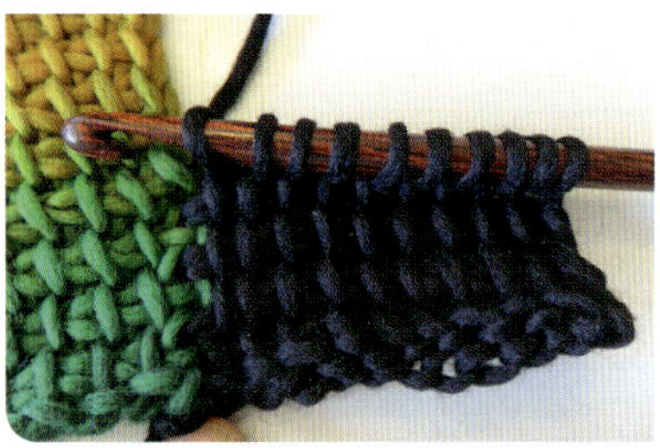

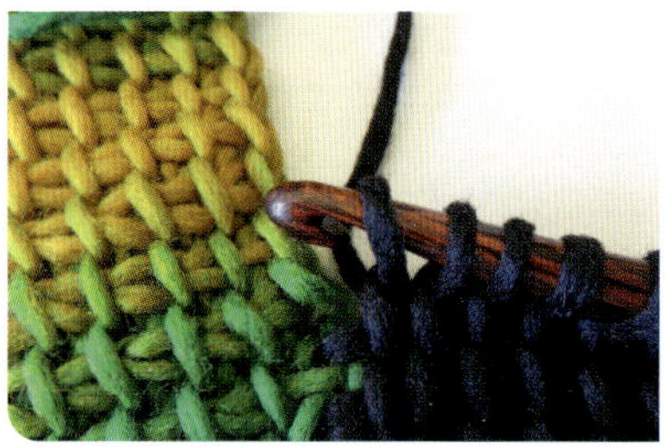

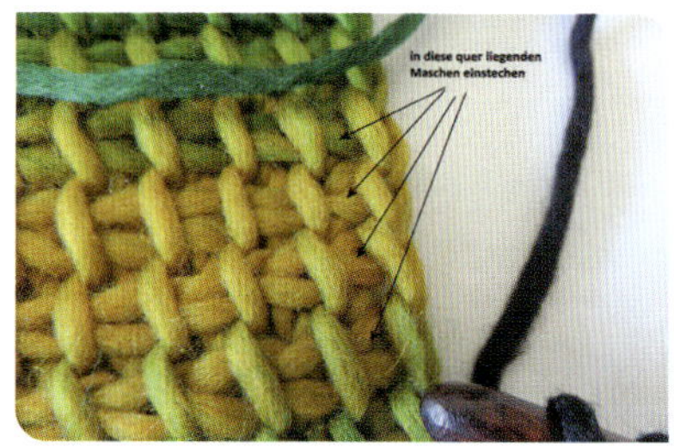

Um keine Löcher bei der Verbindung zu bekommen, stechen Sie in die querliegenden Maschen des Quadrates ein.

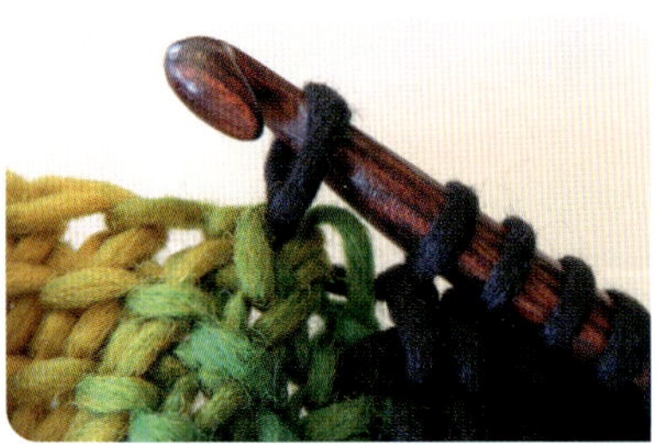

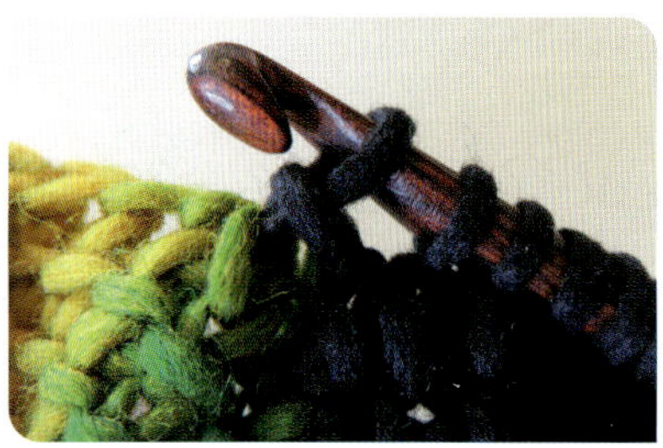

Schlinge durch die quer liegende Masche holen und durch die Schlinge auf die Nadel ziehen.

Die Ecken

Die Rückreihen werden ohne zusätzliche Luftmasche gearbeitet.
1. Reihe: 9 Schlingen holen, für die Rückreihen keine zusätzlichen Luftmaschen arbeiten.
2. Reihe: 8 Schlingen.
3. Reihe: 7 Schlingen.
4. Reihe: 6 Schlingen.
5. Reihe: 5 Schlingen.
6. Reihe: 4 Schlingen.
7. Reihe: 3 Schlingen.
8. Reihe: 2 Schlingen.

1. Reihe: 3 Schlingen, die Schlingen werden aus den zusammen abgemaschten Maschen geholt.
2. Reihe: 4 Schlingen.
3. Reihe: 5 Schlingen.
4. Reihe: 6 Schlingen.
5. Reihe: 7 Schlingen.
6. Reihe: 8 Schlingen.
7. Reihe: 9 Schlingen.
8. Reihe: 10 Schlingen.

Jetzt die Seite wieder weiter bis zur nächsten Ecke arbeiten. Sind alle 4 Seiten gearbeitet, die Farbe wechseln und genauso weiterarbeiten, bis die gewünschte Größe erreicht ist, dann die 10 Maschen des Spiralenendes abketten.

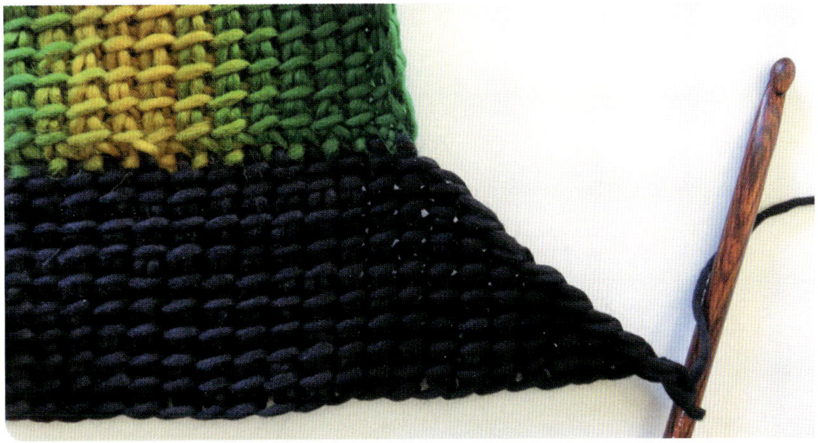

Die erste Hälfte der Ecke ist gehäkelt.

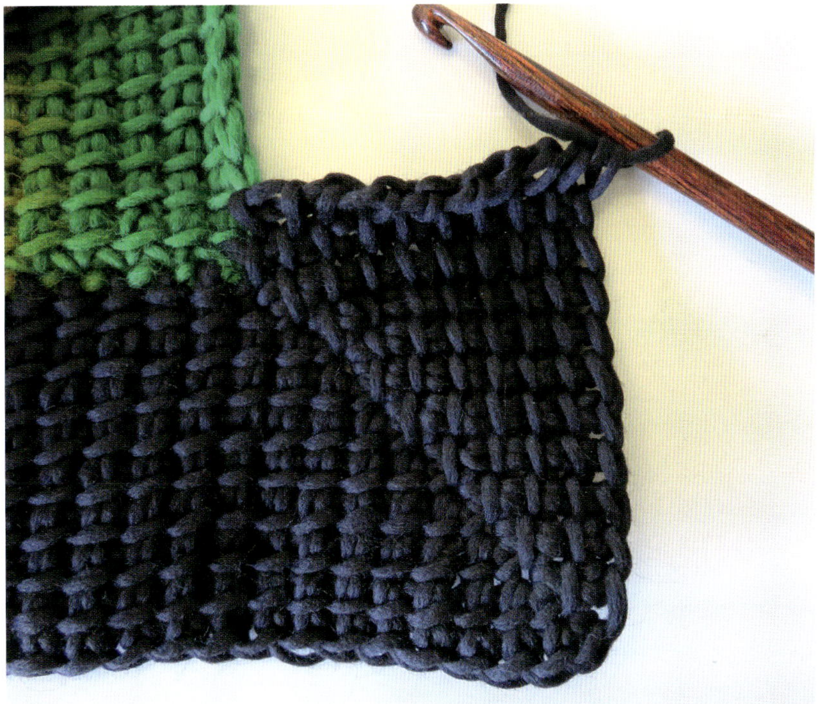

Nun ist die Ecke fertig.

Kissenbezug (Fortsetzung)

Rückseite im Entrelac „Von Ecke zu Ecke"

Techniken: Entrelac im Grundstich mit 10 Schlingen und 8 Reihen, Farbwechsel
Maße: 40 x 40 cm

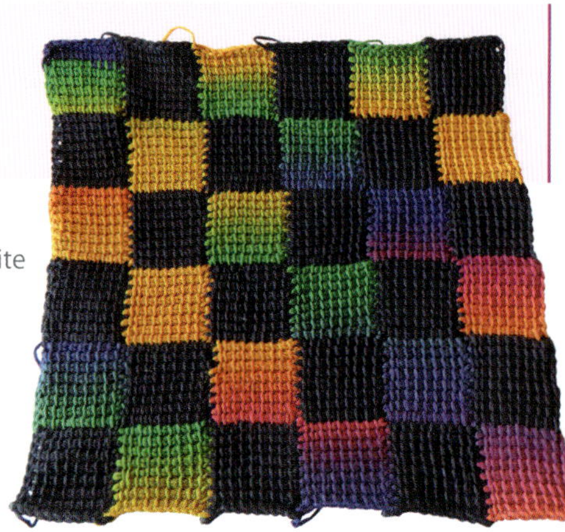

Rückseite

Anleitung

Die Entrelac-Technik wie beim Halstuch arbeiten – allerdings mit 10 Schlingen und 8 Reihen – bis die gewünschte Seitenlänge von 40 cm erreicht ist. Dann die Karoreihen gegengleich arbeiten, also die Anzahl der Karos Reihe für Reihe reduzieren, bis nur noch ein Karo übrig ist.

Anmerkung

Wenn Sie kein waschbares Füllkissen bekommen können, nähen Sie in die letzte offene Kissennaht einen Reißverschluss ein.

Fertigstellung

Fäden vernähen. Die beiden Kissenhälften bis auf eine Seite zusammennähen, die Kissenhülle über das waschbare Füllkissen ziehen und die letzte Naht schließen.

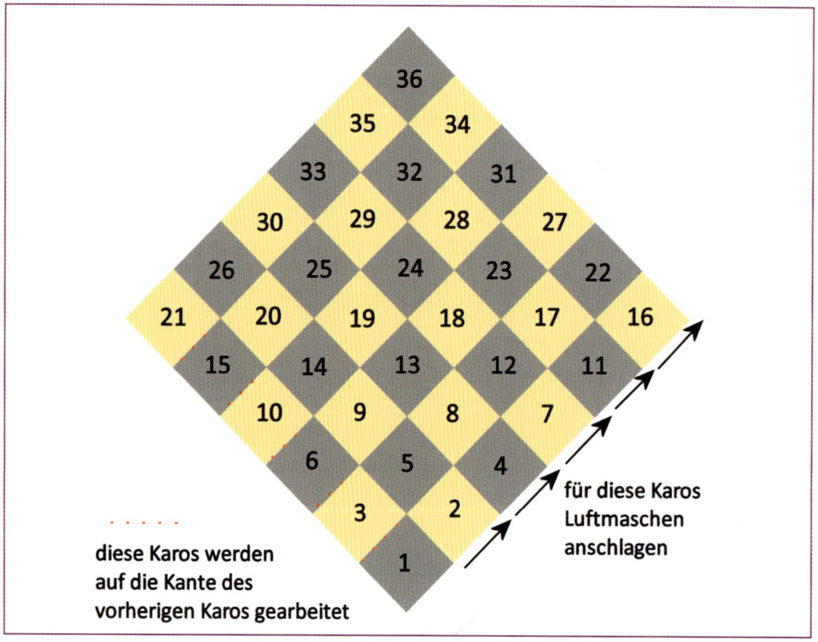

MATERIAL

- Schoppel Reggae Ombre, uni dunkelblau und kunterbunt
- (tunesische) Häkelnadel Nr. 7
- Wollnähnadel
- waschbares Füllkissen in den benötigten Maßen 40 x 40 cm

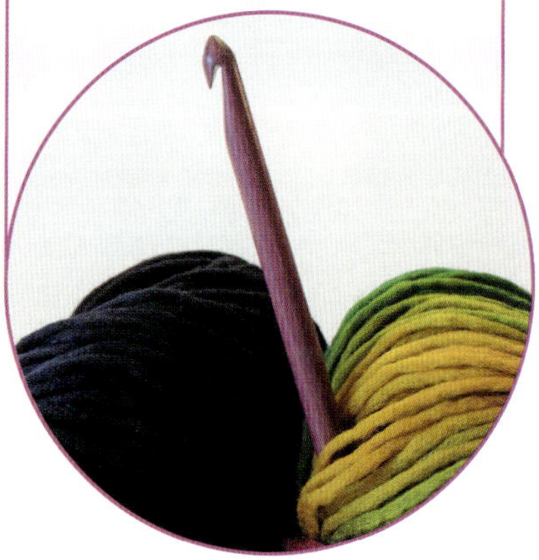

Sommerschal im Wendemuster

Techniken: Wendemuster im Grundstich und Grundstich in das horizontale Maschenglied
Maße: ca. 25 x 120 cm groß – hängend gemessen

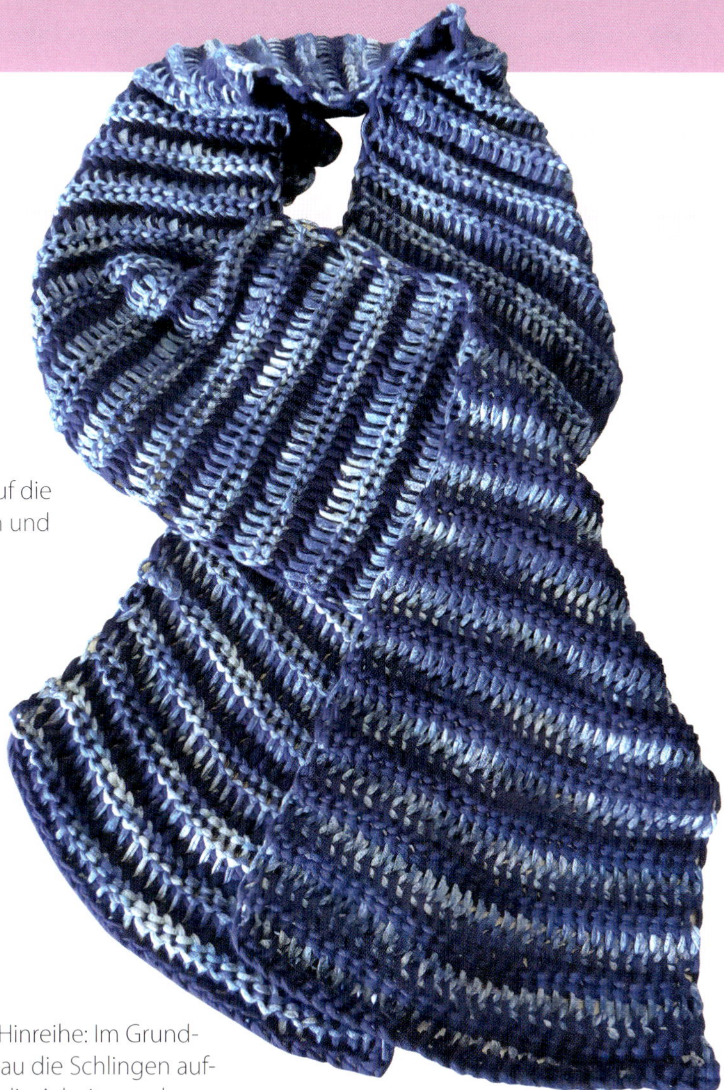

Anleitung

Schlagen Sie 30 Luftmaschen in Dunkelblau an und nehmen Sie die Schlingen auf. Dann die Maschen auf die andere Seite der Nadel schieben, die Arbeit wenden und die Schlingen mit Sol Color abmaschen.

Reihe 1: Hinreihe: Im Grundstich mit Sol Color die Schlingen aufnehmen, die Arbeit wenden.
Rückreihe: Mit Blau abmaschen, die Arbeit nicht wenden.

MATERIAL

- Lang Yarns Sol und Sol Color, je 50 g Sol in Farbe 841.005 und Sol Color 866.0006
- tunesische Doppelnadel Nr. 8,0
- Wollnähnadel

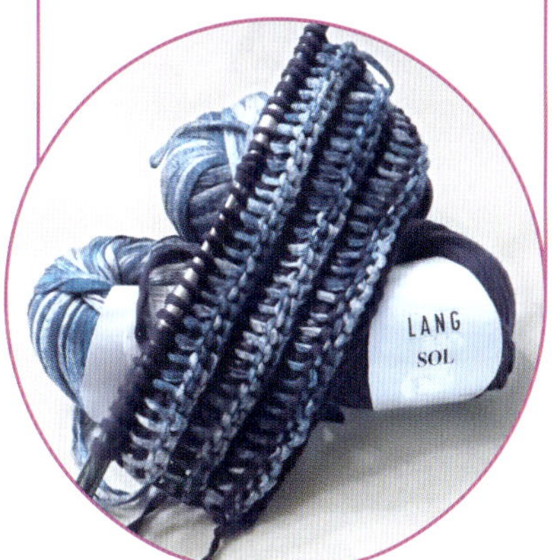

Reihe 2: Hinreihe: Im Grundstich in Blau die Schlingen aufnehmen, die Arbeit wenden.

Rückreihe: Mit Sol Color abmaschen, die Arbeit nicht wenden

Reihe 3 und alle folgenden Hinreihen der ungeraden Reihen in Sol Color arbeiten.

Hinreihe: Eine zusätzliche Luftmasche arbeiten, dann in das erste (und alle folgenden) horizontale Maschenglied einstechen und die Schlingen holen, die Arbeit wenden.

Rückreihe: Mit Blau abmaschen, nicht wenden.

Reihe 4 und alle folgenden Hinreihen der geraden Reihen in Blau arbeiten.

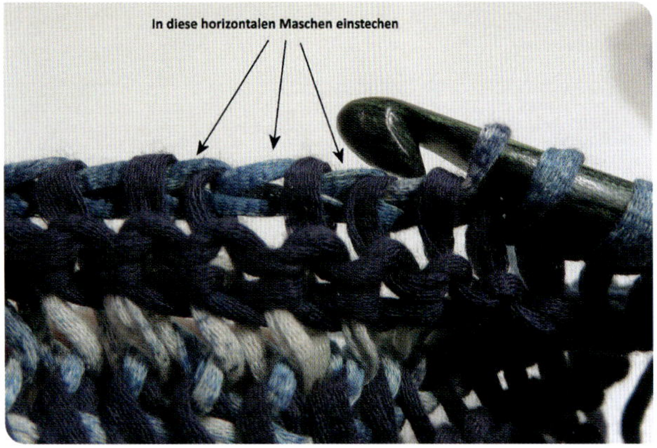

In die horizontalen Maschen einstechen.

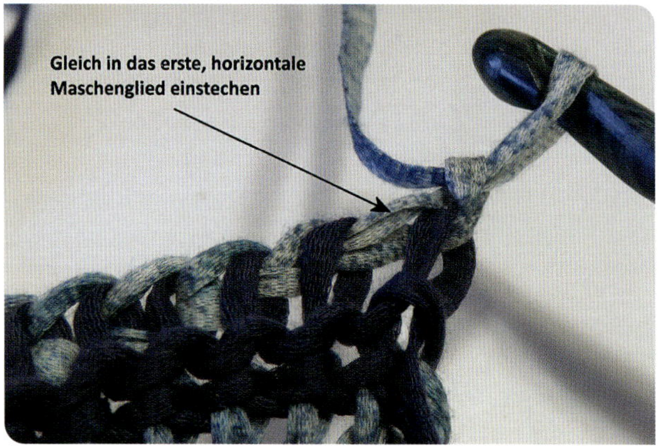

In das erste horizontale Maschenglied einstechen.

Hinreihe: Eine zusätzliche Luftmasche arbeiten, dann in das erste (und alle folgenden) horizontale Maschenglied einstechen und die Schlingen holen, die Arbeit wenden.

Rückreihe: Mit Sol Color abmaschen, nicht wenden.

Reihen 3 und 4 bis zu einer Länge von 120 cm (oder die gewünschte Länge) fortlaufend wiederholen.

Die letzten 2 Reihen im Grundstich in Blau arbeiten und dann mit Kettmaschen abketten.

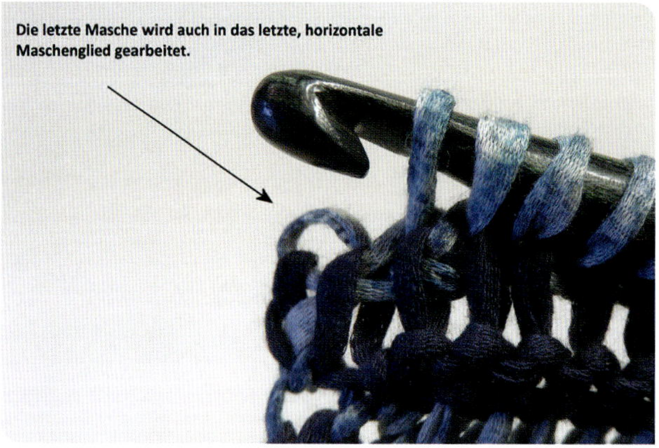

Die letzte Masche wird in das letzte, horizontale Maschenglied gearbeitet.

TIPP

Bei einem Wendemuster wird immer dann gewendet, wenn alle Schlingen auf der Nadel sind.

Fertigstellung

Alle Fäden vernähen. Der Schal kann auch als Loop an den Enden zusammengenäht werden.

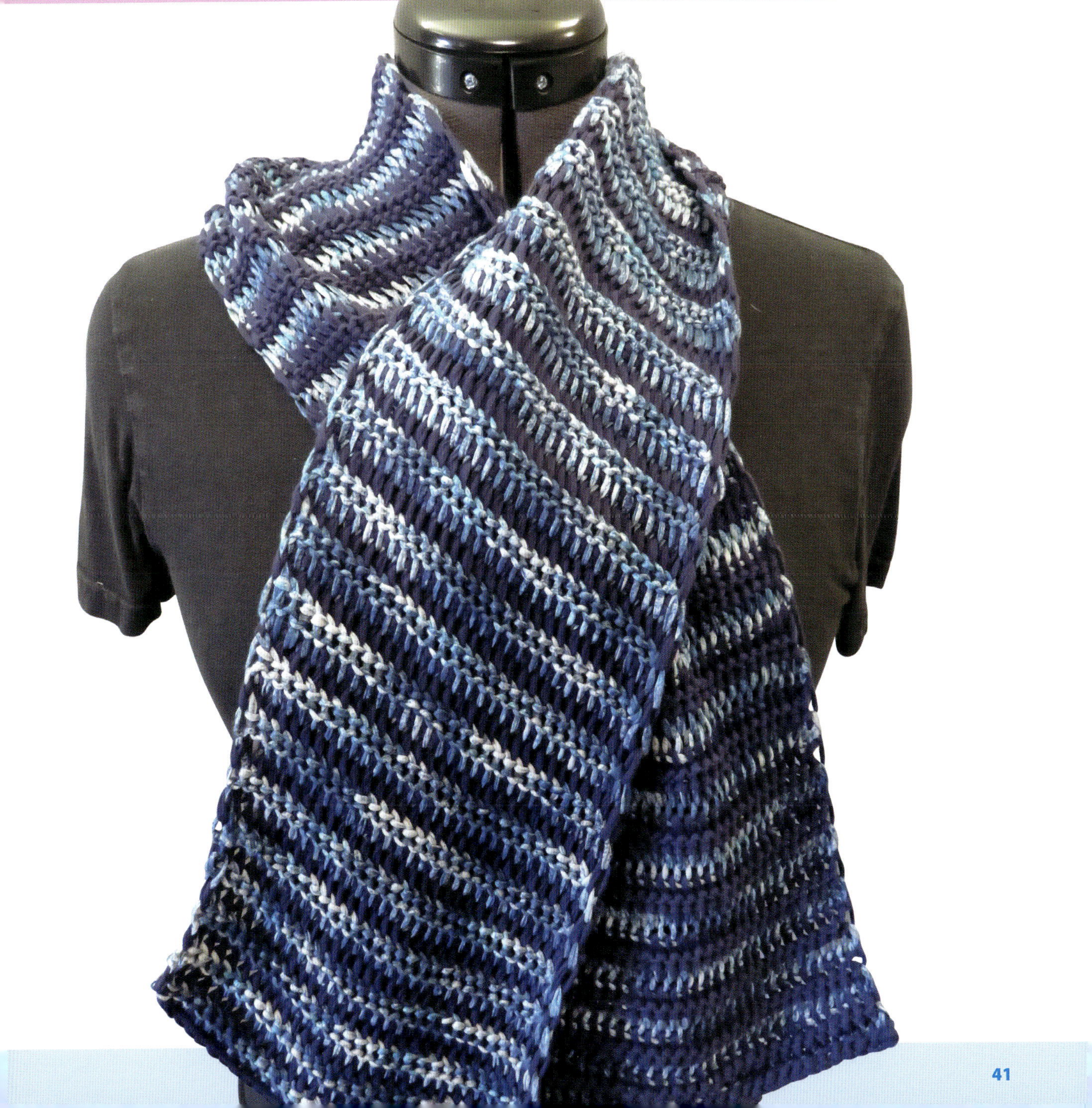

TECHNIK 6

Wendemuster tunesisch häkeln

Wendemuster werden mit einer Doppelnadel und zwei Knäueln Wolle gearbeitet, wobei die Muster am schönsten herauskommen, wenn Sie deutlich unterschiedliche Farben verwenden: entweder aus einer Farbrichtung, z. B. Hellgrau und Dunkelgrau, oder Kontrastfarben, z. B. Schwarz und Weiß.

Wendemuster arbeiten

Im Gegensatz zum normalen tunesischen Sträkeln wird bei den Wendemustern – wie der Name es auch sagt – gewendet.

ONLINE-TIPP

Das Video zur Technik der Wendemuster finden Sie in meinem YouTube-Kanal unter der Internetadresse http://goo.gl/Dckizg

Die Grundreihe

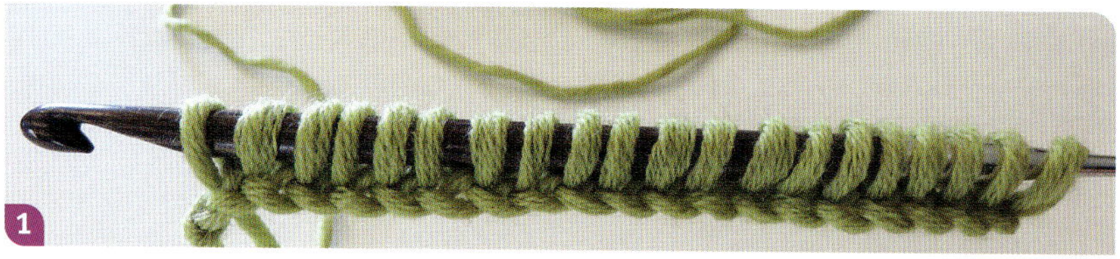

1 *Die Luftmaschenkette mit Farbe A anschlagen. Schlingen mit Farbe A auf die Nadel holen.*

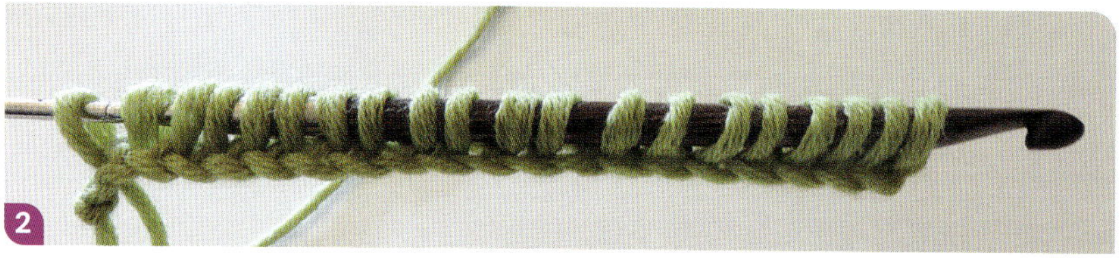

2 *Die Schlingen auf der Nadel auf die andere Seite der Nadel schieben (man sieht im Bild, dass beide hellgrünen Fäden auf der linken Seite sind) …*

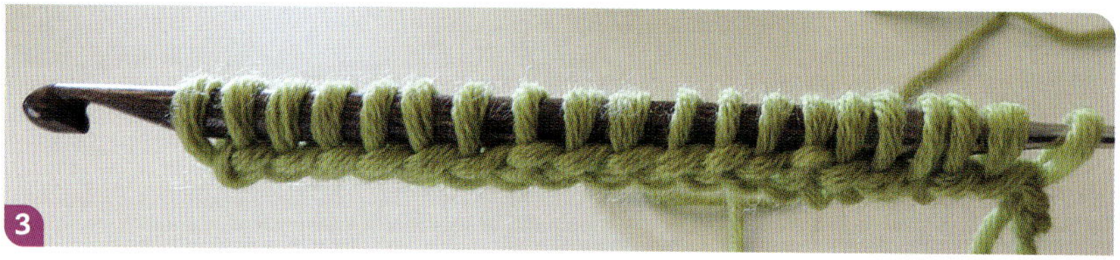

3 *… und die Arbeit um 180° wenden (die hellgrünen Fäden sind nun rechts).*

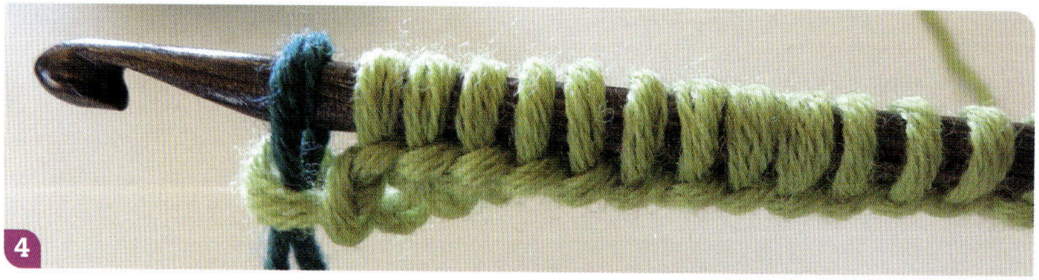

4 *Nun mit Farbe B eine Luftmasche durch die erste Schlinge auf der Nadel arbeiten …*

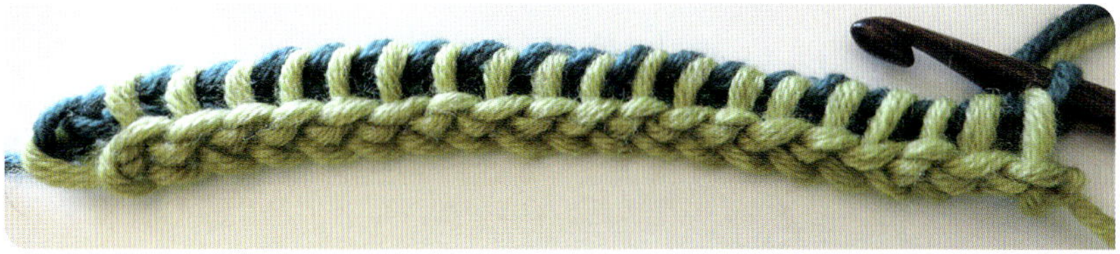

… und die Schlingen mit Farbe B, wie gewohnt, abmaschen: Den Faden um die Nadel schlingen (Umschlag), durch 2 Schlingen ziehen und so weiter, bis nur noch eine Schlinge auf der Nadel ist, nicht wenden! Die Grundreihe ist gearbeitet.

Musterreihe 1

Hinreihe: Mit Farbe B die Schlingen auf die Nadel holen und wenden.

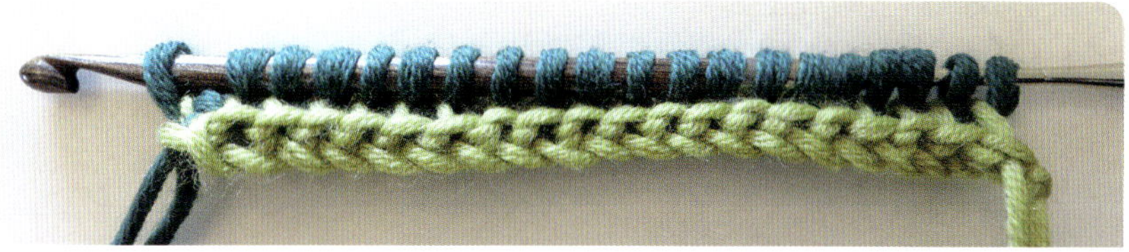

Rückreihe: Mit Farbe A die Schlingen abmaschen. Also eine zusätzliche Luftmasche machen, den Faden um die Nadel schlingen (Umschlag), durch 2 Schlingen ziehen und so weiter, bis nur noch eine Schlinge auf der Nadel ist, nicht wenden!

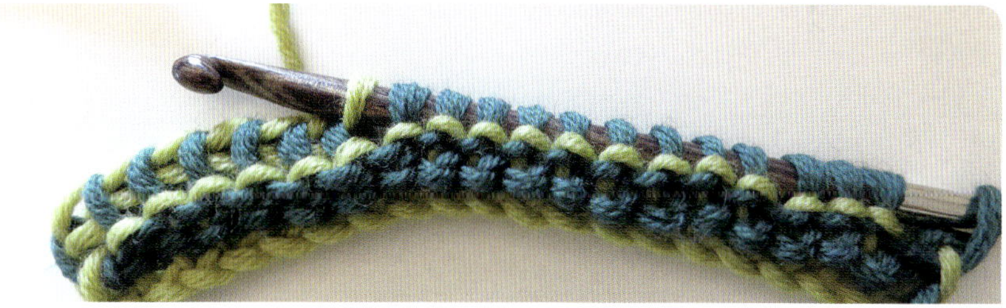

Musterreihe 2

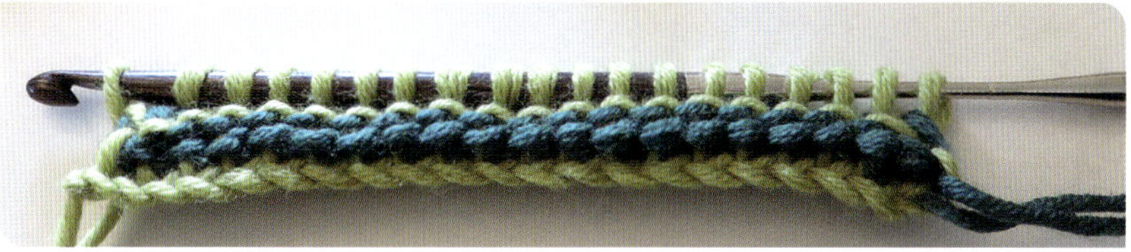

Hinreihe: Mit Farbe A die Schlingen auf die Nadel holen und wenden.

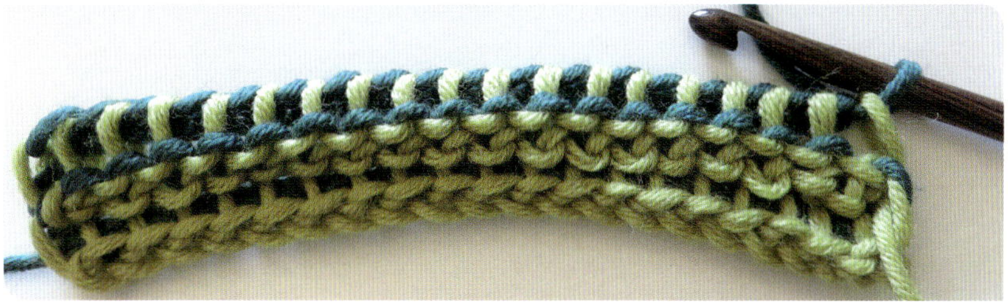

Rückreihe: Mit Farbe B die Schlingen abmaschen, nicht wenden.

Reihe 1 und 2 werden nun bis zur gewünschten Länge bzw. Höhe immer wiederholt.

Wenn beide Fäden von Farbe A und Farbe B jeweils auf einer Seite sind, ist das der Zeitpunkt zum Wenden.

Arbeiten der letzten Masche der Hinreihe beim Wendemuster

Auch beim Wendemuster für die letzte Masche durch beide senkrechte Maschenglieder einstechen und den Faden holen. Dabei darauf achten, den Faden nicht zu fest anzuziehen!

Es wird durch den vorderen senkrechten Faden der ersten Farbe und den hinteren senkrechten Faden der zweiten Farbe gestochen!

Sticht man nur durch einen senkrechten Faden oder durch beide senkrechten Fäden einer Farbe, wird der Rand sehr locker.

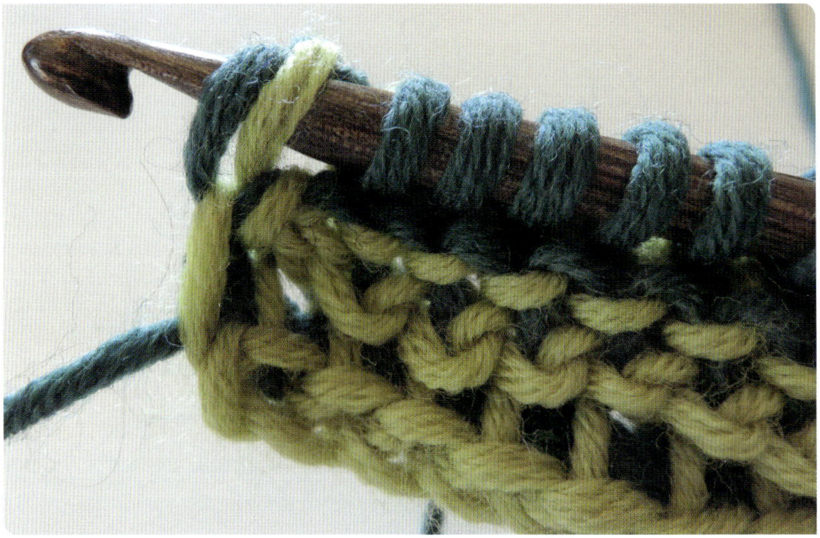

Durch den vorderen senkrechten und durch den hinteren senkrechten Faden stechen.

Der Rand wird sehr gleichmäßig, wenn durch die beiden senkrechten Maschenglieder eingestochen wird.

Die letzte Reihe

Mit Farbe A die Schlingen abmaschen, aber nicht wenden. Mit Farbe A eine Kettmaschen-Reihe arbeiten.

Luftiger Sommerpulli mit einfachen Fallmaschen

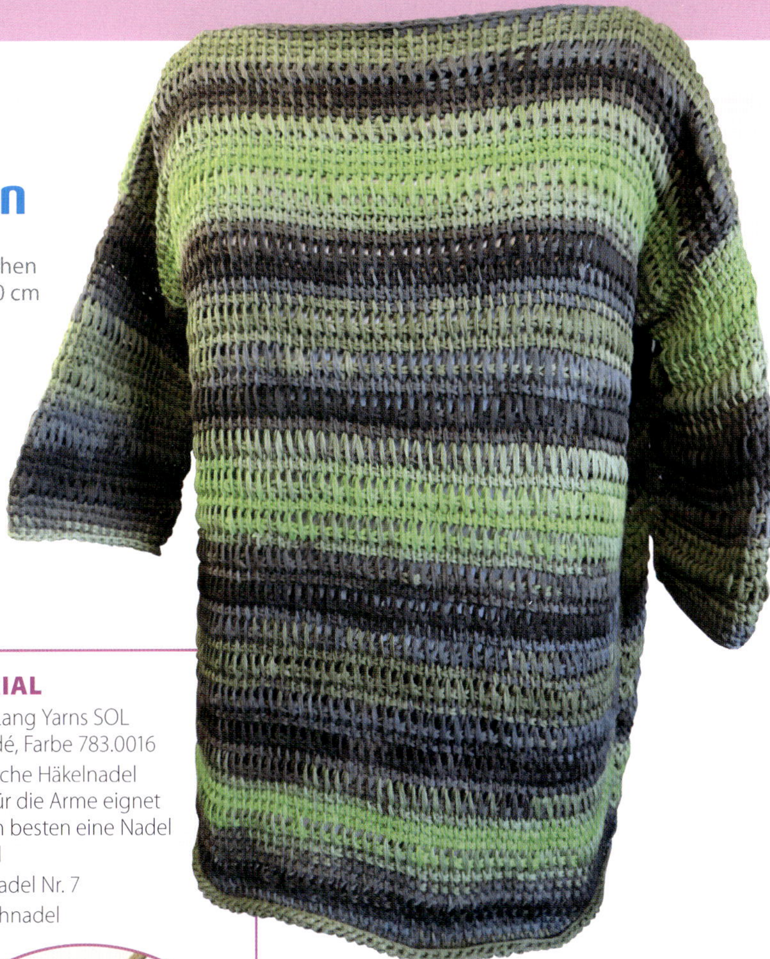

Techniken: tunesisches Grundmuster, einfache Fallmaschen
Maschenprobe: 13 Maschen und 2 x Reihe 1–4 = 10 x 10 cm

Anleitung

Der Sommerpulli besteht einfach nur aus 2 Rechtecken zum leichten Überziehen mit einem U-Boot Ausschnitt und einem halben Arm.

Schlagen Sie 70 Luftmaschen an und arbeiten Sie die Grundreihe. Reihe 1–3 im Grundstich arbeiten und in Reihe 4 Fallmaschen arbeiten. Häkeln Sie die Rechtecke in folgender Aufteilung: 3 x die Reihen 1–4, 12 x die Reihen 3–4, 4 x die Reihen 1–4 und noch 4 Reihen im Grundstich, dann die Maschen abketten.

Diesen Teil insgesamt zweimal arbeiten, beide Teile zusammennähen und für den Halsausschnitt und die Arme jeweils die benötigten Öffnungen offenlassen. Für die Arme nun je Arm 42 Maschen aus den Armöffnungen aufnehmen, beginnend unter dem Arm. Nach der Aufnahmereihe 5 x die Reihen 1–4 häkeln, mit 4 Reihen im Grundstich enden und die Maschen abketten. Nach Wunsch – falls Ihnen ein festerer Rand besser gefällt – noch den U-Boot Ausschnitt, den unteren Rand und die Ärmel mit 1 Reihe fester Maschen mit einer Häkelnadel Nr. 7 umhäkeln.

MATERIAL

- 500 g Lang Yarns SOL Dégradé, Farbe 783.0016
- tunesische Häkelnadel Nr. 8 (für die Arme eignet sich am besten eine Nadel mit Seil
- Häkelnadel Nr. 7
- Wollnähnadel

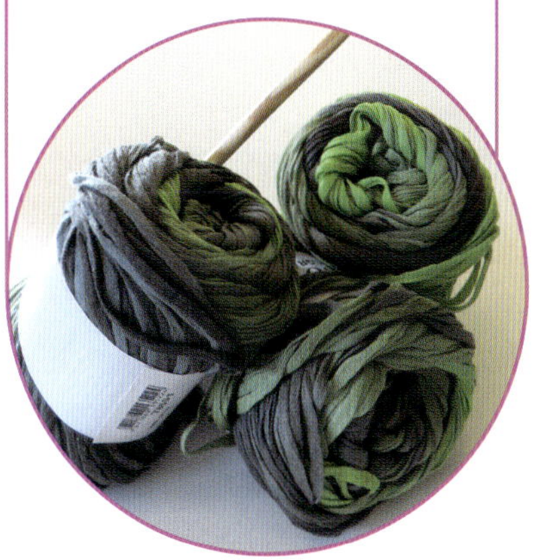

Anmerkung

Die Anleitung des Sommerpullis ist für Größe 38/40. Die Maße sind 54 cm Breite und 68 cm Länge, können aber leicht auf die eigenen Maße geändert werden. Bitte die Maschenprobe machen, ein gut sitzendes Shirt ausmessen und dann die Maschen- und Reihenzahl auf die eigenen Maße umrechnen.

Fertigstellung

Die restlichen Nähte schließen und alle Fäden vernähen.

Skizze Sommerpulli mit einfachen Fallmaschen für Größe 38/40

Durch den einfachen Kastenschnitt kann die Größe ganz einfach auf die eigenen Maßen geändert werden, indem mehr oder weniger Maschen angeschlagen werden und mehr oder weniger Reihen gehäkelt werden.

Auch die Ärmellänge kann individuell angepasst werden, indem der Ärmel länger, kürzer, enger oder weiter gehäkelt wird.

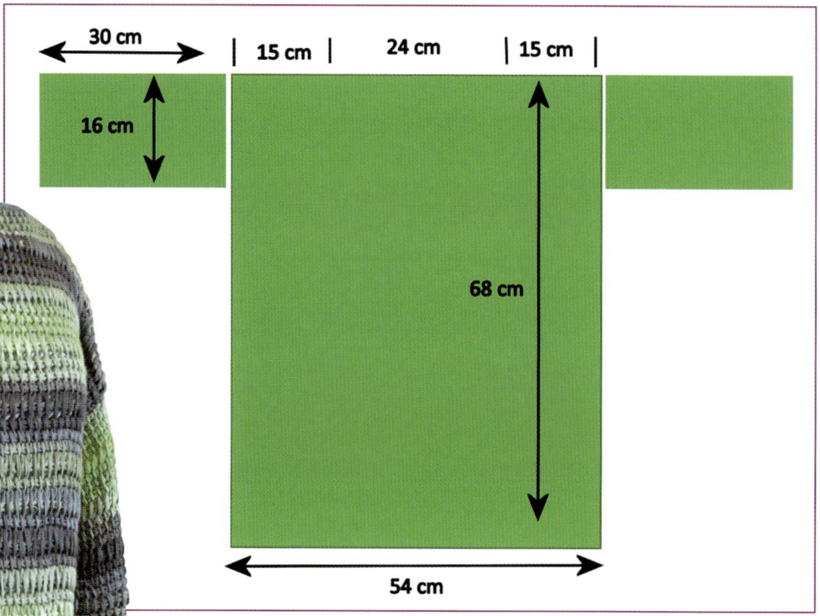

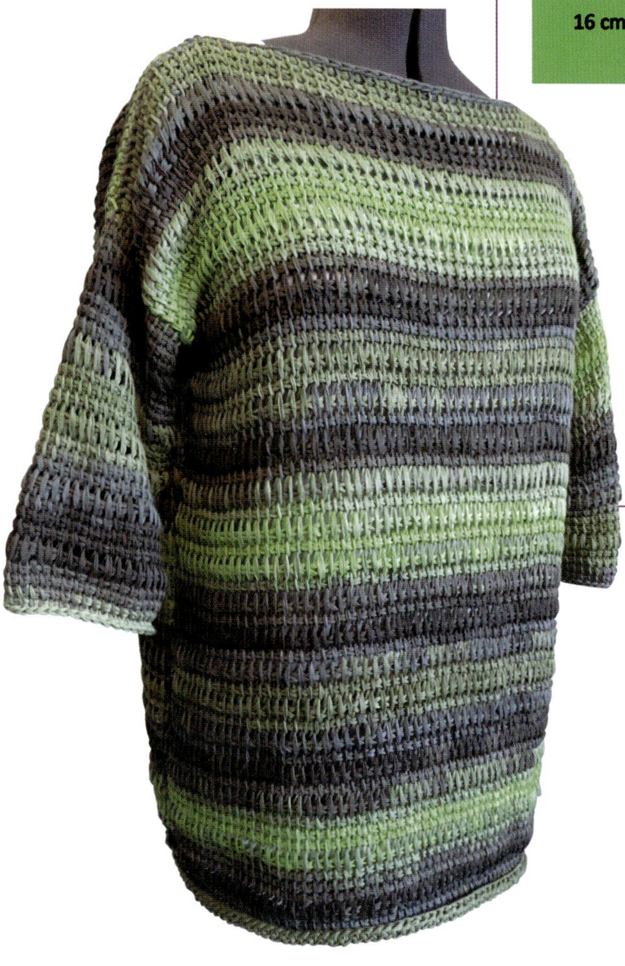

TECHNIK 7

Aufnehmen der Schlingen aus den Armausschnitten

Für jeden Arm – beginnend unten an der Seitennaht – insgesamt 42 Maschen aufnehmen: 20 Maschen aus dem Vorderteil, 20 Maschen aus dem Rückenteil und je 1 aus der Seitennaht und aus der Schulternaht.

Die ersten Reihen sind meist etwas „eng", dazu am besten eine Nadel mit Seil verwenden, aber nach den ersten 4 Reihen kann dann leicht wieder mit einer starren Nadel weitergearbeitet werden.

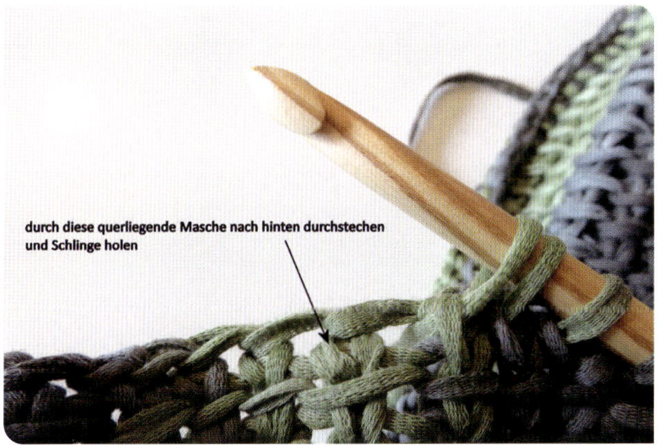

Hier einstechen

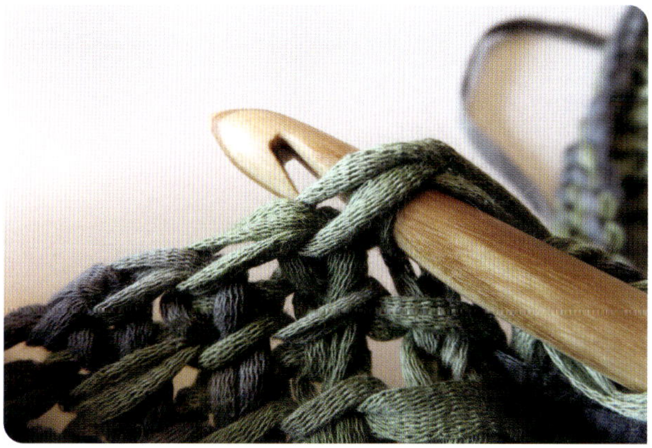

Detailaufnahme Einstechen

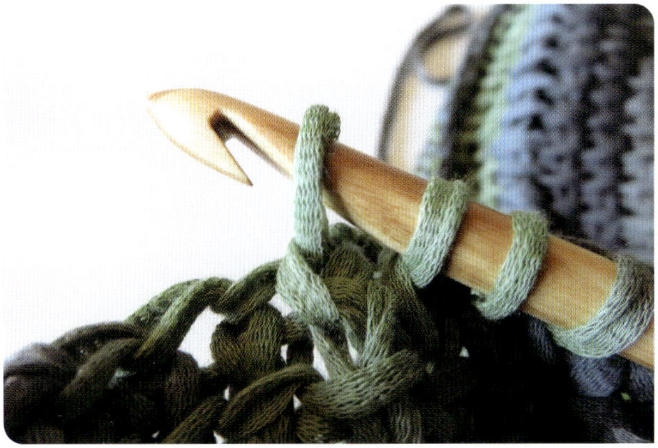

Schlinge auf der Nadel

Einfache Fallmaschen – Fallmaschenreihe

Am Beginn der Hinreihe eine zusätzliche Luftmasche arbeiten, dann eine Masche im Grundstich und einen Umschlag machen. Bis zum Ende der Reihe wiederholen.

ACHTUNG

Auch vor der letzten Masche einen Umschlag arbeiten.

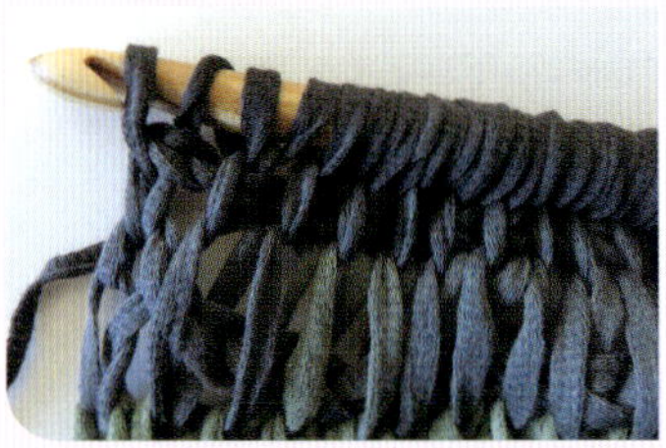

Am Ende der Hinreihe 2 zusätzliche Luftmaschen arbeiten, die Masche kurz von der Nadel nehmen und den folgenden Umschlag fallenlassen, die Masche wieder auf die Nadel nehmen, einen Umschlag machen und durch 2 Maschen ziehen (also, wie schon bekannt, die Masche abmaschen), wieder die Masche von der Nadel nehmen, den folgenden Umschlag fallenlassen, die Masche wieder auf die Nadel nehmen und durch 2 Maschen abmaschen. So bis zum Ende der Reihe weiterarbeiten.

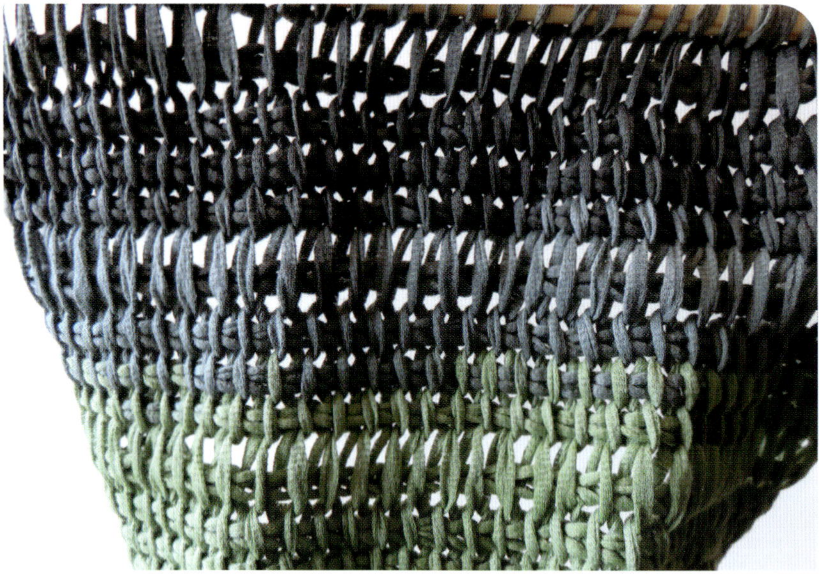

Nahaufnahme des Fallmaschenmusters

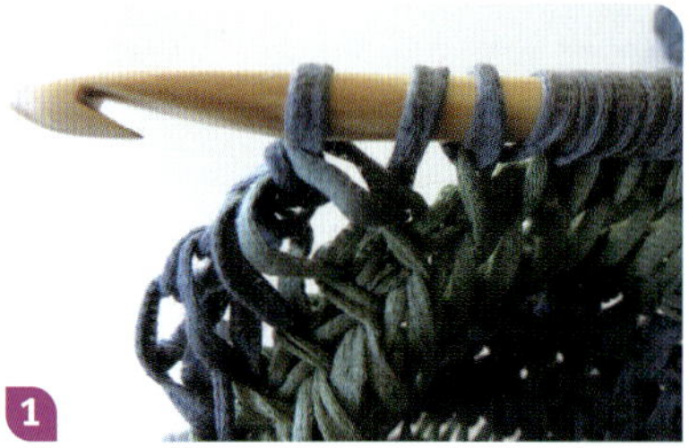

1 *So liegen die Maschen auf der Nadel.*

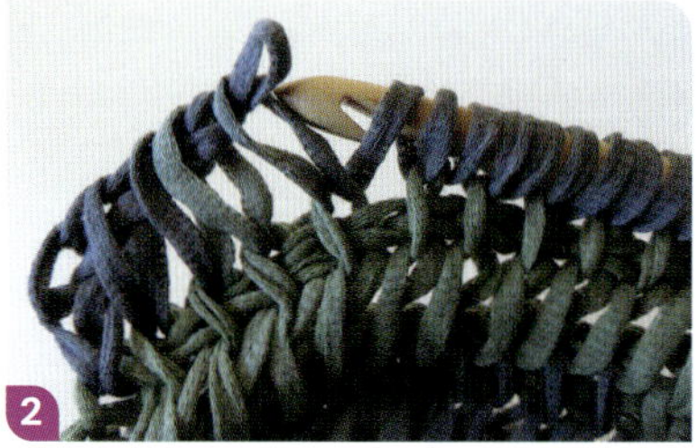

2 *Die erste Schlinge von der Nadel nehmen und den Umschlag fallen lassen.*

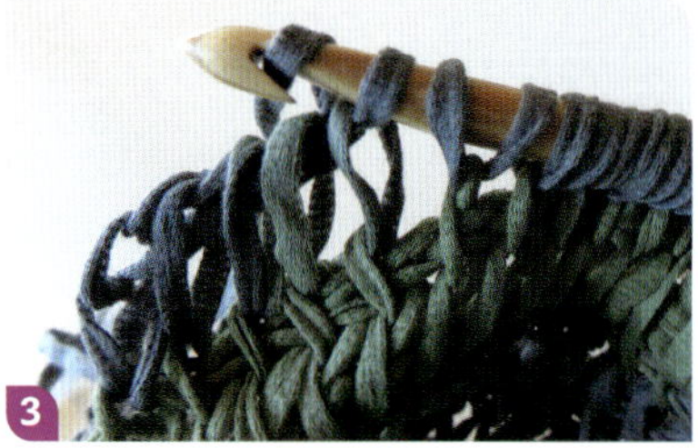

3 *Die Schlinge wieder auf die Nadel nehmen und wie gewohnt mit der nächsten Schlinge abmaschen.*

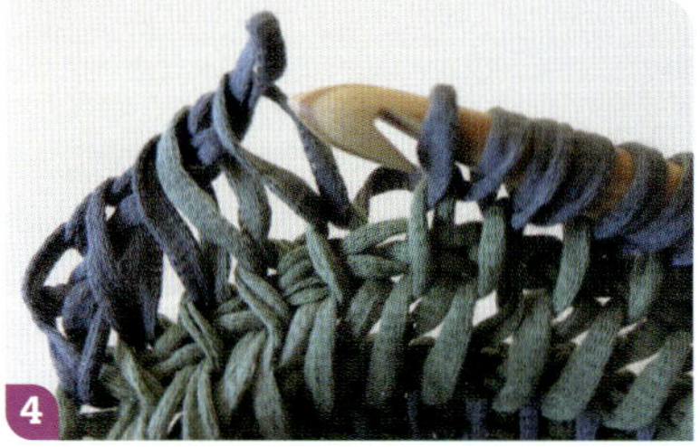

4 *Den nächsten Umschlag wieder fallen lassen.*

Nach der Fallmaschenreihe wieder mindestens 1 Reihe im Grundstich arbeiten und sicherheitshalber in der ersten Grundstichreihe die Maschen zählen!

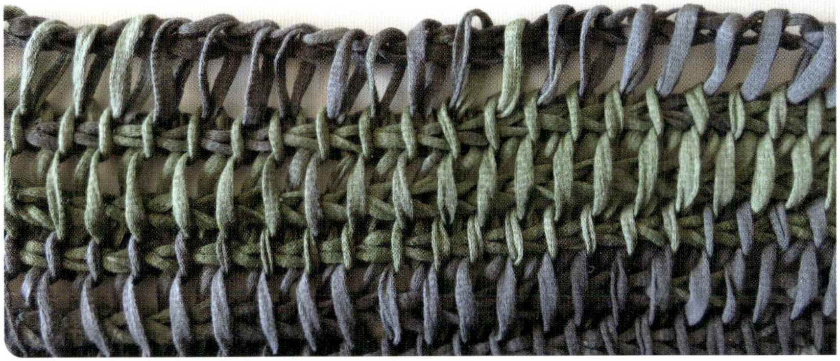

Die Maschen haben sich durch das Fallenlassen der Umschläge langgezogen.

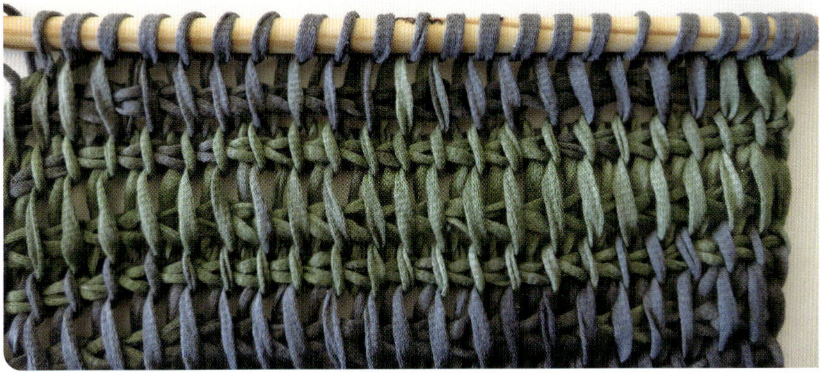

Eine Reihe im Grundstich über der Fallmaschenreihe

Zweifarbiger Kapuzenloop

Techniken: Grundstich, Strickstich, Reversestich, in Runden sträkeln
Maße: Durchmesser 40 cm, Höhe 50 cm (abgebildeter Loop)

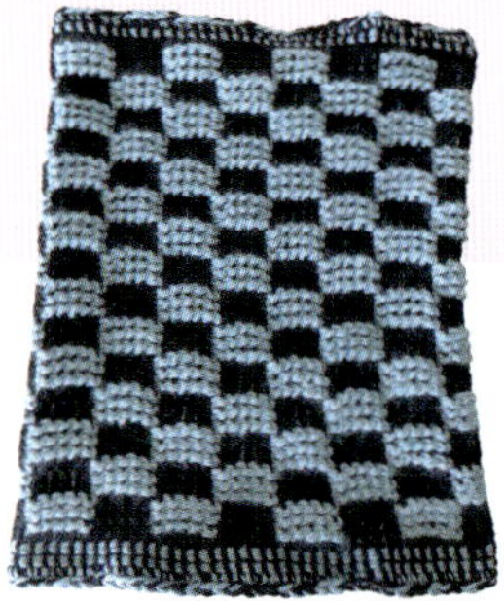

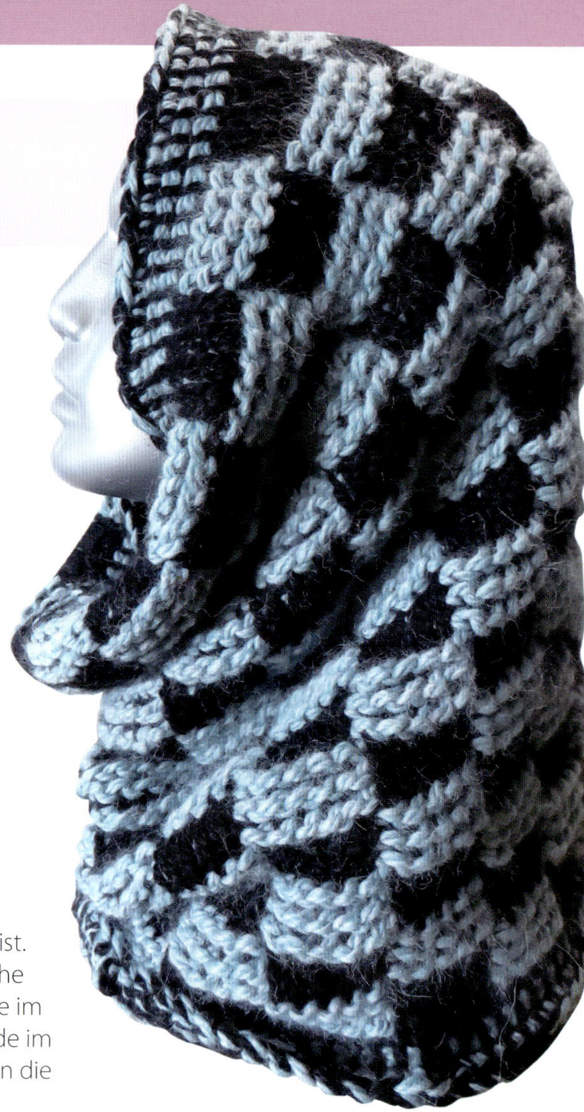

Anleitung

80 Luftmaschen in schwarz anschlagen und zur Runde schließen, die Schlingen aufnehmen und mit Türkis abmaschen. Den Rundenanfang mit einem Maschenmarkierer kennzeichnen.

Nach der Aufnahmerunde Runde 1 im Grundstich und Runde 2 im Strickstich arbeiten.

3.–5. Runde: im Wechsel 5 Maschen Strickstich und 5 Maschen Reversestich arbeiten.

MATERIAL

- je 200 g Fair Alpaka Bulky, schwarz und türkis heather
- tunesische Doppel-Häkelnadel Nr. 9
- Häkelnadel Nr. 7
- Wollnähnadel

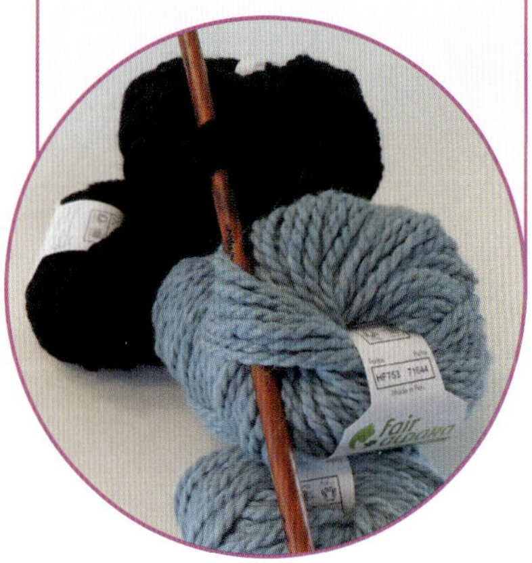

6.–8. Runde: im Wechsel 5 Maschen Reversestich und 5 Maschen Strickstich arbeiten.

3.–8. Runde so lange wiederholen, bis die gewünschte Höhe erreicht ist.

Ist die gewünschte Höhe erreicht, noch eine Runde im Strickstich und eine Runde im Grundstich arbeiten, dann die Maschen abketten.

Anmerkung

Der Reversestich kippt die Farbe der Rück- bzw. Abmaschreihe nach vorne, dadurch entsteht ein Muster, ohne dass die Farbe gewechselt werden muss. Der abgebildete Loop wurde so hoch gesträkelt, dass er auch als Kapuzenloop getragen werden kann.

Fertigstellung

Alle Fäden vernähen.

TECHNIK 8

Strickstich

Beim Strickstich wird von vorne nach hinten durch die beiden senkrechten Maschenglieder gestochen, Umschlag machen und Schlinge holen.

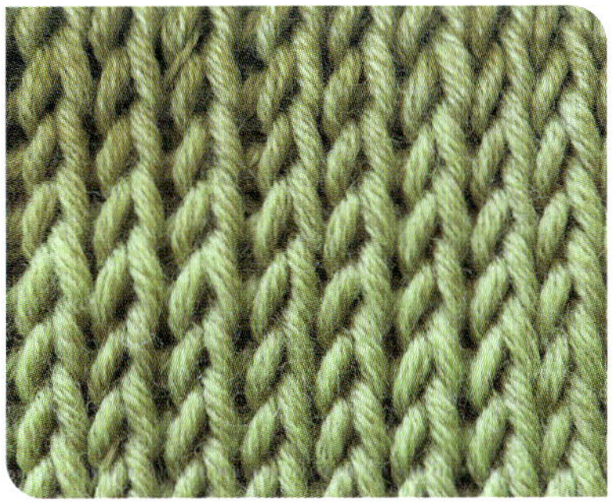

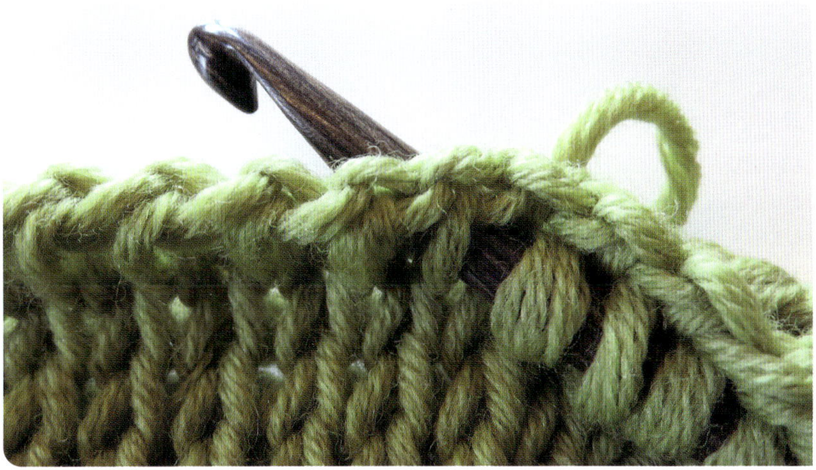

Einstechen für den Strickstich

Reversestich

Der Reversestich wird nur von hinten gearbeitet, es wird von rechts nach links durch das hintere senkrechte Maschenglied gestochen, Umschlag machen und Schlinge holen.

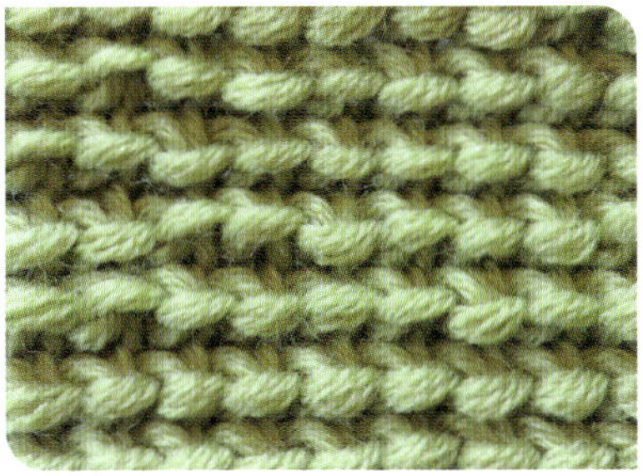

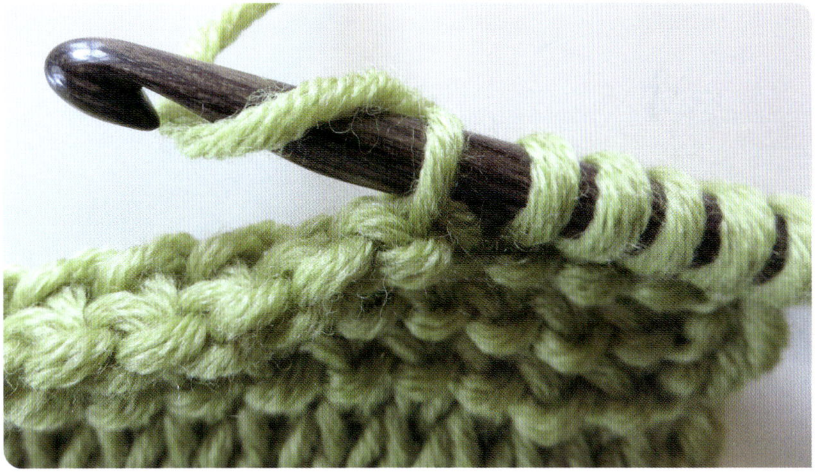

Der Reversestich wird nur auf der Rückseite und mit dem Faden hinten gearbeitet.

Zweifarbiger Schal

Techniken: tunesischer Grundstich, Farbwechsel in der Hinreihe, Slip-Stich
Maße: Breite 25 cm, Länge 140 cm

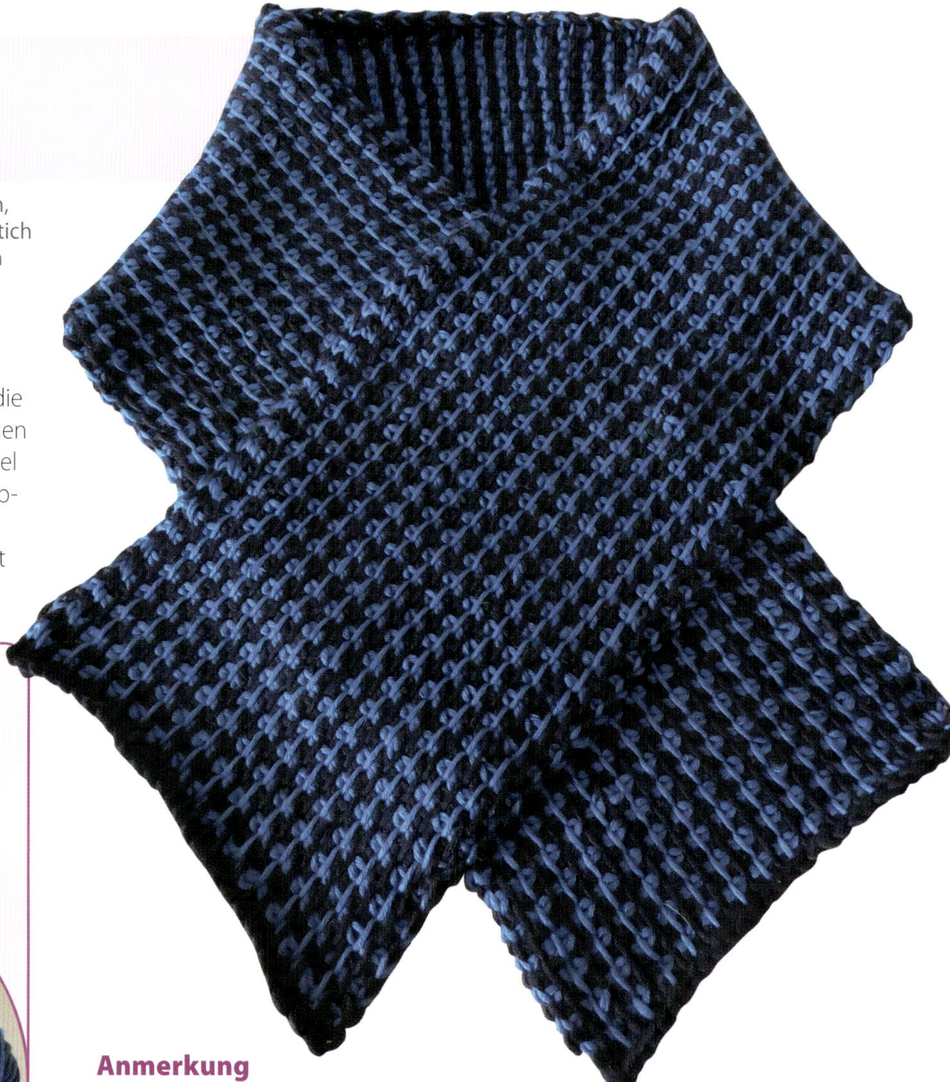

Anleitung

Schlagen Sie 30 Luftmaschen in Dunkelblau an und arbeiten Sie die Grundreihe. Die letzten 2 Schlingen der Rückreihe für den Farbwechsel mit Petrol abmaschen und im Slip-Stich bis zur gewünschten Höhe weiterarbeiten. Die Schlingen mit Dunkelblau abmaschen.

MATERIAL

- je 150 g Lana Grossa Bingo, Farbe 225 Petrol und Farbe 213 Dunkelblau
- tunesische Häkelnadel Nr. 10
- Wollnähnadel

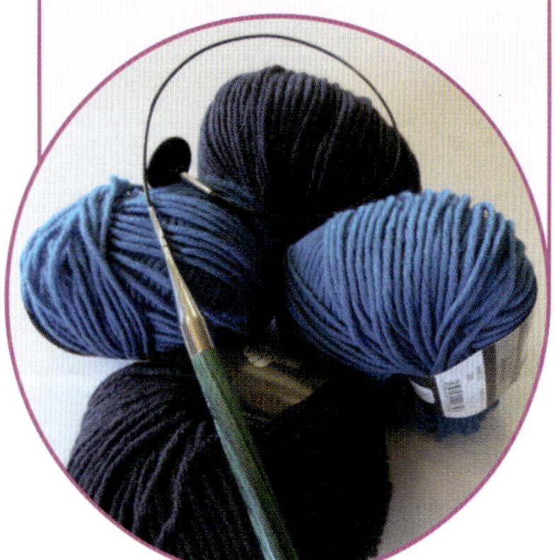

Anmerkung

Der Slip-Stich wirkt am besten mit Kontrastfarben. Um einen kuscheligen und weich fallenden Schal zu erhalten, ist der Schal mit Nadelstärke 10 gesträkelt (empfohlene Nadelstärke laut Banderole 4,5–5,5).

Fertigstellung

Alle Fäden vernähen und, falls der Rand sich eingerollt haben sollte, vorsichtig unter einem Handtuch leicht dämpfen.

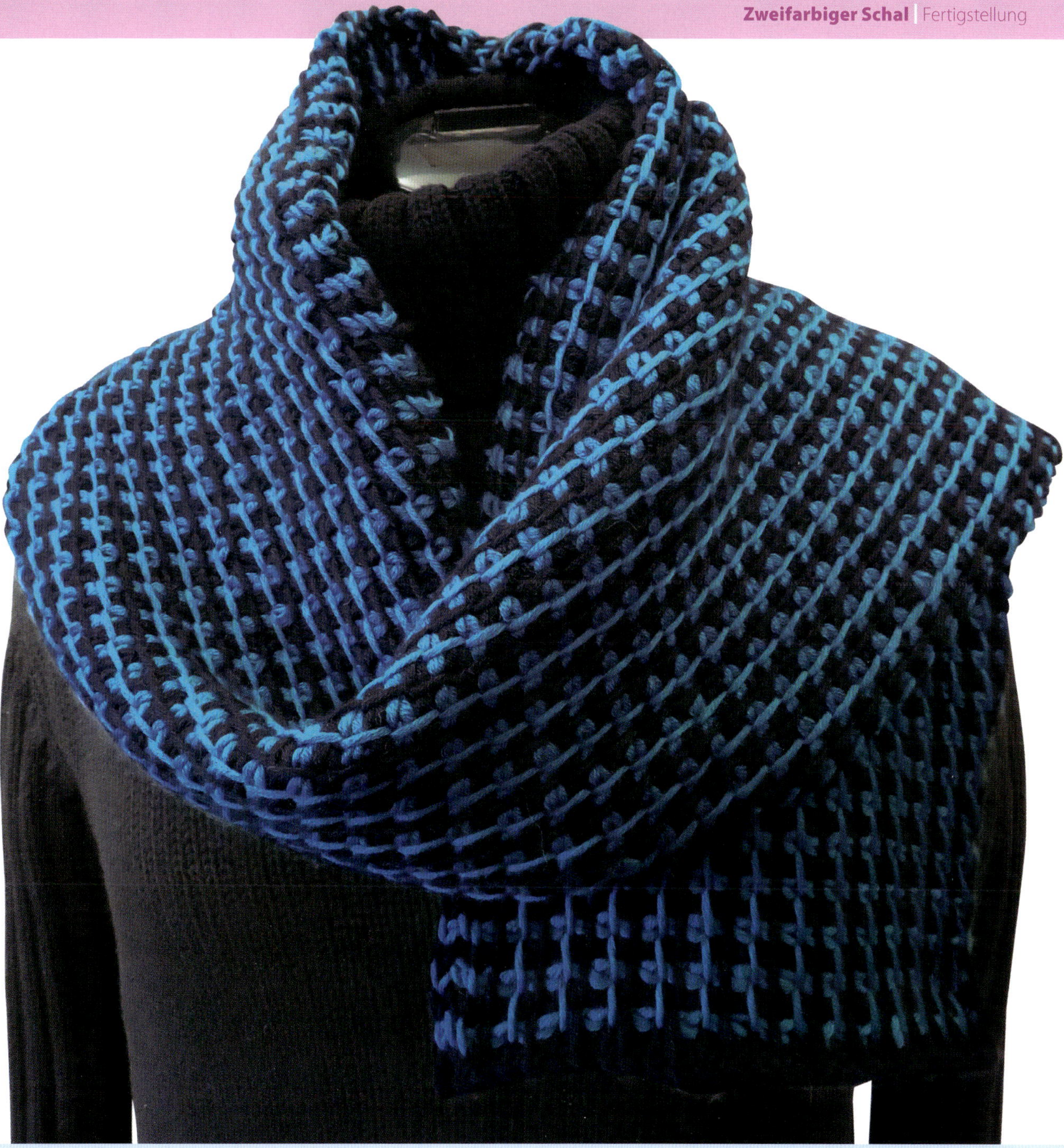

TECHNIK 9

Slip-Stich

Der Slip-Stich ist ein einfaches, zweifarbiges Muster im Grundstich, welches in Kontrastfarben am besten wirkt.

Für den Slip-Stich wird die Nadel, wie im Grundstich, durch die nächste vertikale Schlinge gestochen und zusätzlich durch das danebenliegende vertikale Maschenglied. Den Faden umschlagen und die Schlinge nur durch das zweite vertikale Maschenglied (also das, welches jetzt näher an der Nadel ist) ziehen, das erste vertikale Maschenglied liegt also nur auf der Nadel.

Mit Farbe A anschlagen und die Grundreihe in Farbe A arbeiten.

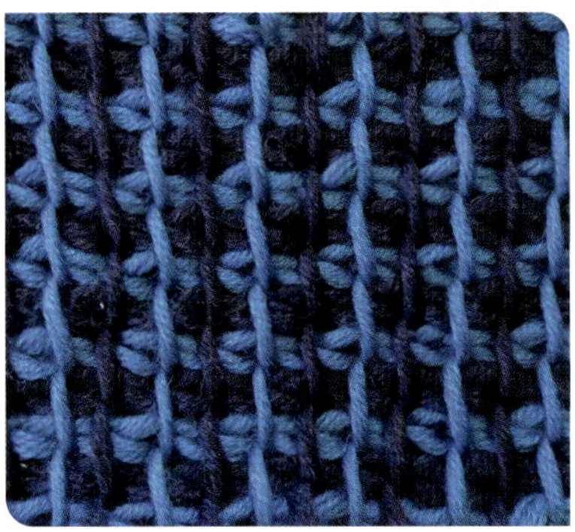

Slip-Stich

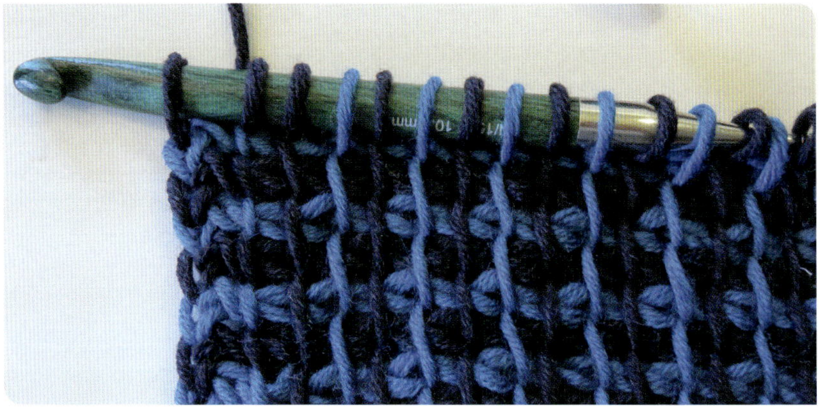

So liegen die Schlingen beim Slip-Stich auf der Nadel.

Reihe 1 mit Farbe B: Die erste Schlinge ist ja schon auf der Nadel, den Slip-Stich durch die 2. und 3. Masche arbeiten. Bis zum Ende der Reihe wiederholen, mit 1 Masche im Grundstich und der letzten Masche enden.

Reihe 2 mit Farbe A: Die erste Schlinge ist ja schon auf der Nadel, eine Masche im Grundstich arbeiten, den Slip-Stich durch die 3. und 4. Masche arbeiten, bis zum Ende der Reihe wiederholen und mit dem Slip-Stich in die letzte Masche enden, was bedeutet, dass die vorletzte Masche nur auf der Nadel liegt und die letzte Masche, wie gewohnt, gearbeitet wird.

Durch diesen Wechsel der Reihen 1 und 2 entsteht das Muster, die „unbearbeitete" Slip-Stich-Masche wird durch das Versetzen in der folgenden Reihe im Grundstich gearbeitet.

Der Farbwechsel ist immer in der Hinreihe, also die letzten beiden Maschen der Rückreihe schon mit der neuen Farbe abmaschen. Da nur jede zweite Masche gearbeitet wird und somit nur eine Masche auf der Nadel liegt, sieht eine Slip-Stich-Reihe auf der Nadel zum Beispiel so aus.

Kleine Tasche aus Textilgarn

Techniken: tunesischer Grundstich, Farbwechsel in der Rückreihe, Farbwechsel in der Hinreihe
Größe: 20 x 20 cm

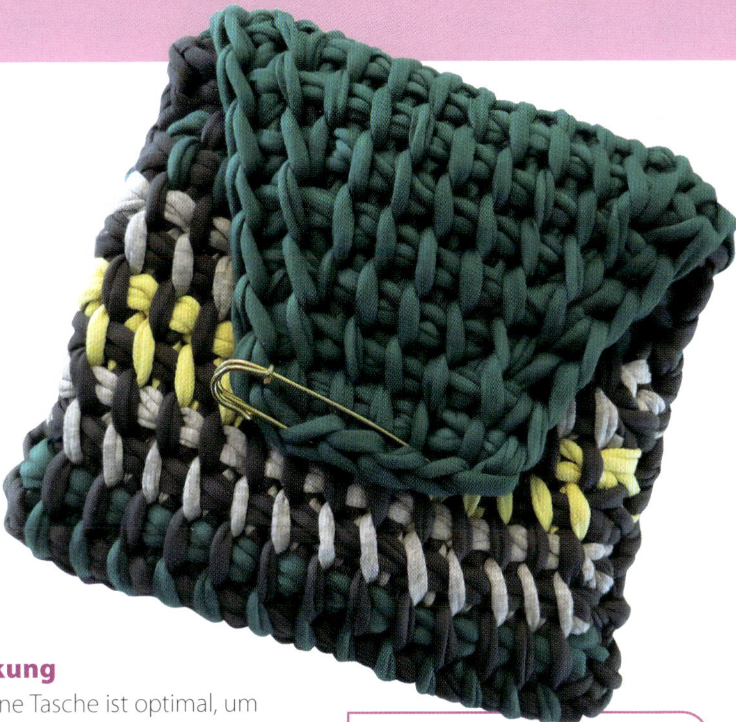

Anleitung

Schlagen Sie 15 Luftmaschen an und sträkeln Sie 12 Reihen im Grundstich mit Farbwechsel in der Rückreihe hoch (das ist die Vorderseite der Tasche). Dann 13 Reihen im Grundstich mit Farbwechsel in der Hinreihe arbeiten (das ist die Rückseite der Tasche) und weitere 10 Reihen im einfarbigen Grundstich häkeln – das ist die Klappe. Bei der Klappe in jeder 2. Reihe pro Seite je 1 Masche abnehmen. Dazu gleichzeitig durch die 2. und 3. Masche und durch die drittletzte und vorletzte Masche eine Schlinge holen. Nach 9 Reihen sind noch 7 Schlingen auf der Nadel, diese mit Kettmaschen abketten.

Anmerkung

Diese kleine Tasche ist optimal, um Textilgarnreste zu verarbeiten. Aus den verbleibenden Resten können Sie ggf. noch einen Tragegurt flechten und ihn an den Seiten annähen.

Fertigstellung

Die Fäden, die durch die Farbwechsel entstanden sind, mit Nähgarn miteinander verbinden und vernähen.

Die Seiten zusammennähen oder -häkeln und die Tasche mit einer Quiltnadel schließen. Alternativ können Sie einen Druckknopf auf die Klappe nähen.

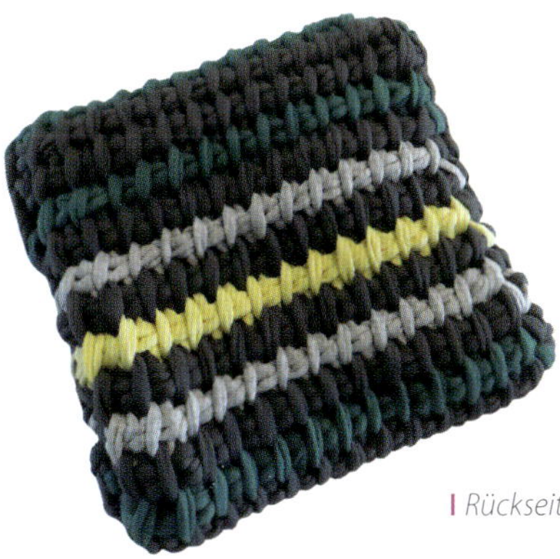

Rückseite der Tasche

MATERIAL

- Textilgarn (Reste) in verschiedenen Farben
- tunesische Häkelnadel Nr. 12
- Nähnadel und Nähgarn in der Farbe des Textilgarns
- Knopf oder Quiltnadel

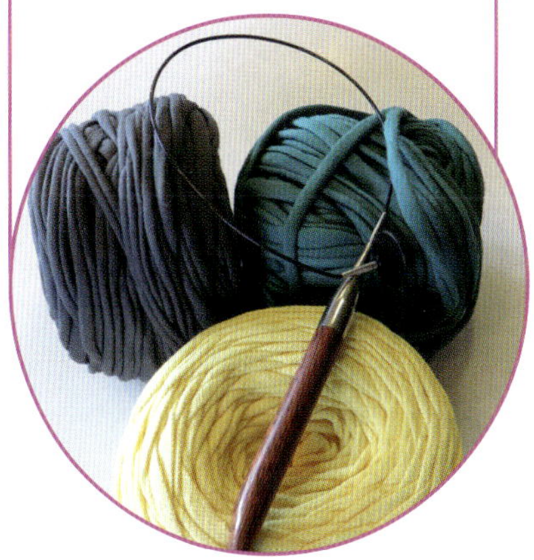

Läufer oder Badteppich aus Textilgarn

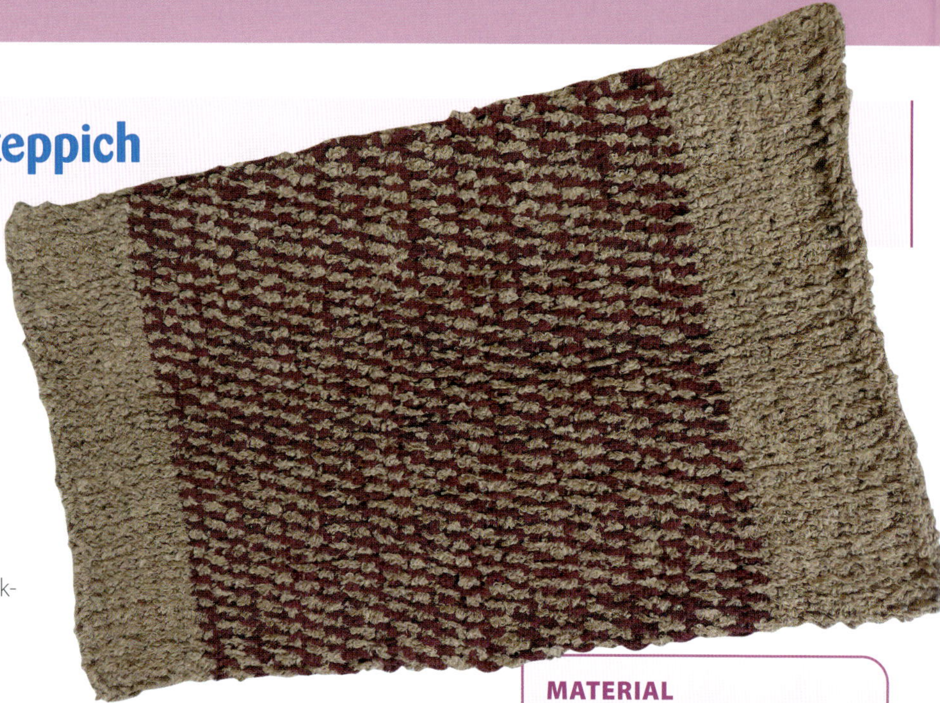

Techniken: tunesischer Grundstich, Farbwechsel in der Rückreihe
Größe: ca. 50 x 70 cm

Anleitung

Schlagen Sie 30 Luftmaschen in Caramel an und arbeiten Sie die Grundreihe , anschließend folgendermaßen weiterarbeiten:

Reihe 1–5: Farbe Caramel

Reihe 6: Hinreihe in Caramel, Rückreihe in Bordeaux.

Reihe 7: Hinreihe in Bordeaux, Rückreihe in Caramel.

Reihen 8–29: Reihe 6 und 7 wiederholen.

Reihe 30–35: Farbe Caramel

In der folgenden Reihe 36 alle Maschen in Caramel mit Kettmaschen abketten.

Anmerkung

Unbedingt darauf achten, bei dem Farbwechsel in der Rückreihe die Fäden miteinander zu verkreuzen! Beim Farbwechsel in der Rückreihe wird die zusätzliche Luftmasche am Ende der Hinreihe schon in der neuen Farbe gearbeitet.

Fertigstellung

Die Fäden, die durch die Farbwechsel entstanden sind, mit Nähgarn miteinander verbinden und vernähen.

Wer möchte, kann noch eine Umrandung mit festen Maschen häkeln.

MATERIAL

- je 500 g Grubaro Textilo Teddy Wave, in Caramel und Bordeaux
- tunesische Häkelnadel Nr. 15 mit Seil (das Seil sollte mindestens 40 cm lang sein und am Ende einen Stopper haben)
- Nähnadel und Nähgarn in der Farbe des Textilgarns

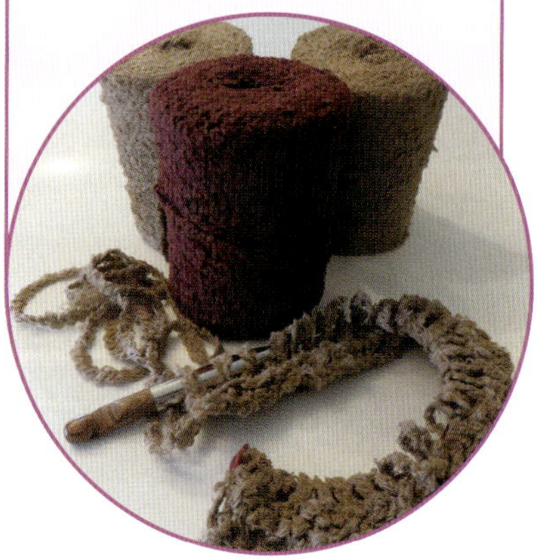

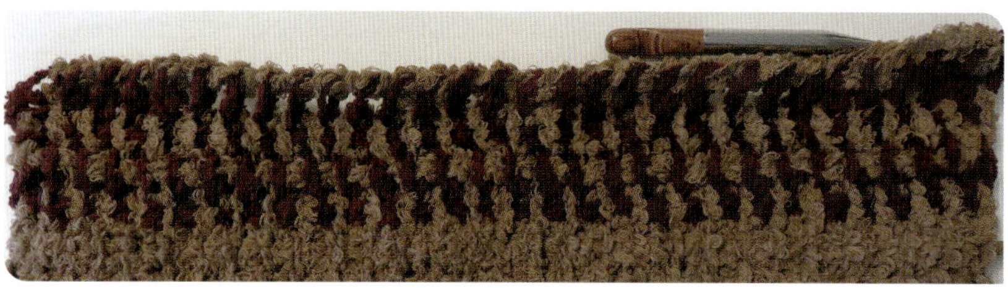

Kleine Hunde-/Katzendecke bzw. Matte mit dezentem Strukturmustermotiv

Techniken: tunesischer Strickstich, tunesischer Reversestich, Farbwechsel in der Hinreihe
Maße: 60 x 50 cm.

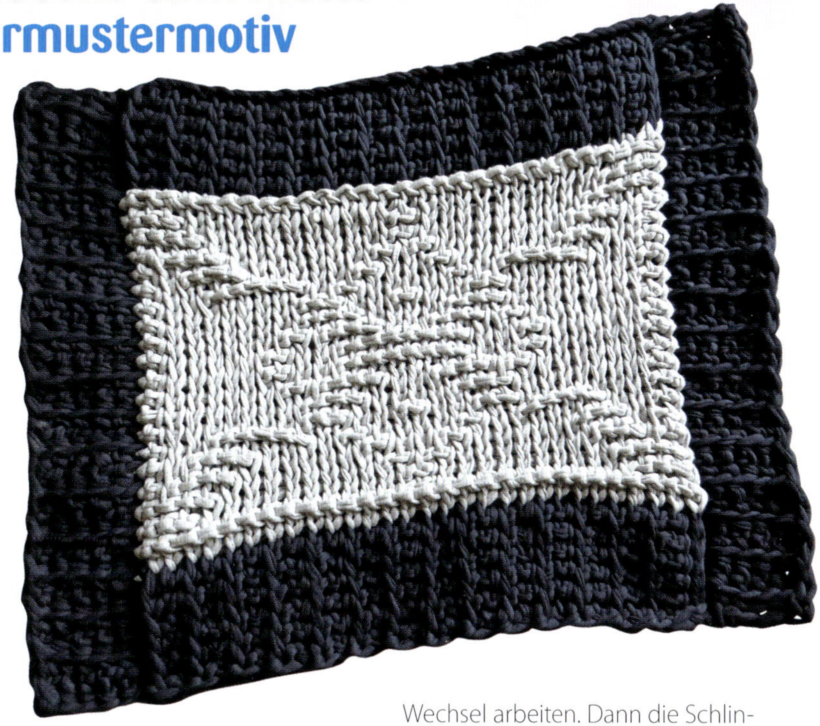

Anleitung

Schlagen Sie 31 Luftmaschen in Dunkelblau an und arbeiten Sie über 6 Reihen im Wechsel 1 Masche Strickstich, 1 Masche Reversestich.

MATERIAL

- 500 g Konen Grubaro Textilo, 2 x tief dunkelblau und 1 x hellgrau
- tunesische Häkelnadel Nr. 15 mit Seil, das Seil sollte mindestens 40 cm lang sein und am Ende einen Stopper haben.
- Nähnadel und Nähgarn in der Farbe des Textilgarns

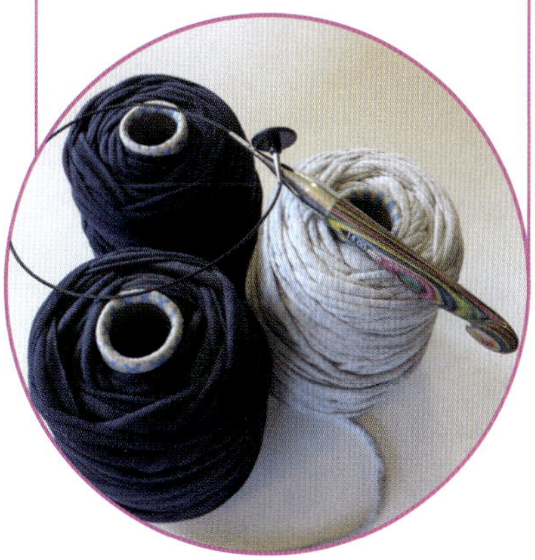

In Reihe 1 vom Strukturmuster in der Hinreihe die Farbe zu Hellgrau wechseln und 22 Reihen die Maschen nach dem Schema arbeiten. In Reihe 22 im Strickstich wieder zur Farbe Dunkelblau wechseln. Nun noch 5 Reihen 1 Masche Strickstich, 1 Masche Reversestich arbeiten.

Alle Maschen abketten. Aus den rechten und linken Seitenrändern in Dunkelblau je 33 Schlingen aufnehmen und je Seite 4 Reihen 1 Masche Strickstich, 1 Masche Reversestich im Wechsel arbeiten. Dann die Schlingen mit Kettmaschen abketten.

Anmerkung

Unbedingt darauf achten, bei dem Farbwechsel in der Hinreihe die Fäden miteinander zu verkreuzen! Beim Farbwechsel in der Hinreihe werden die letzten zwei Schlingen der vorherigen Rückreihe schon mit der neuen Farbe abgemascht.

Fertigstellung

Alle Fäden vernähen.

Schema für das Strukturmuster

Es sind nur die Hinreihen eingezeichnet, die Rückreihen müssen Sie also ganz normal abmaschen. Die Masche 1 im Schema ist die Schlinge, die nach der Rückreihe schon auf der Nadel ist und die Masche 31 ist die letzte Masche der Hinreihe.

ACHTUNG

Reihe 22 im Strickstich in Dunkelblau arbeiten!

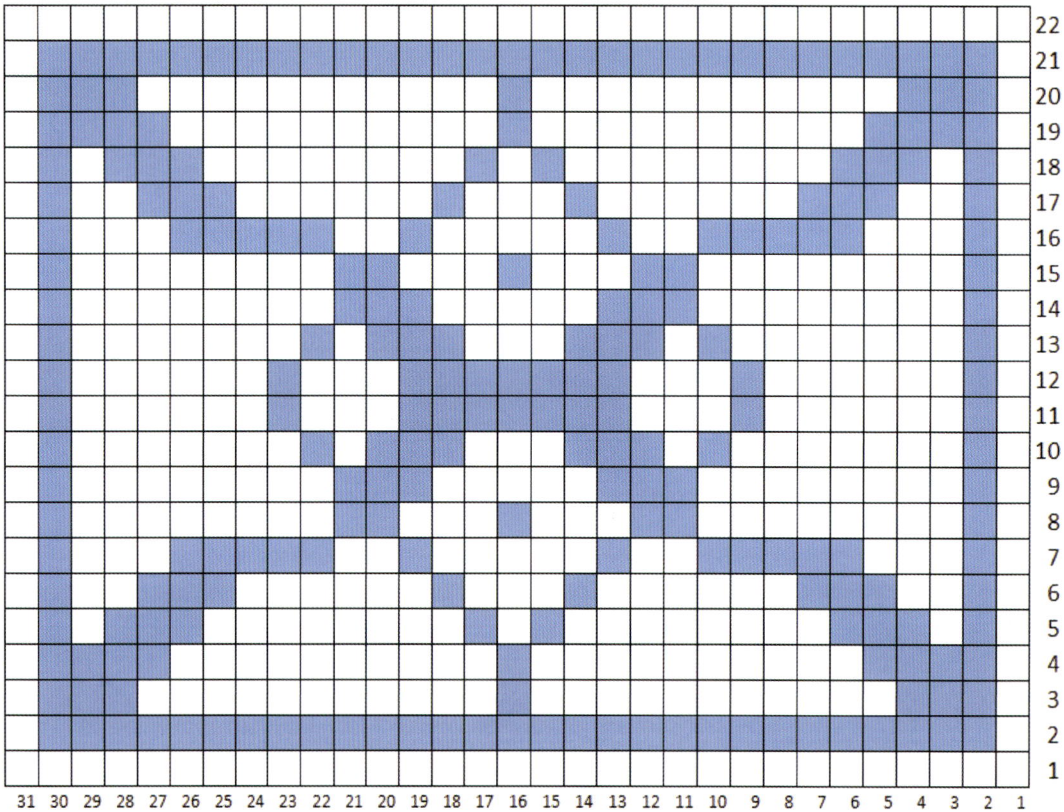

Masche im Strickstich

Masche im Reversestich

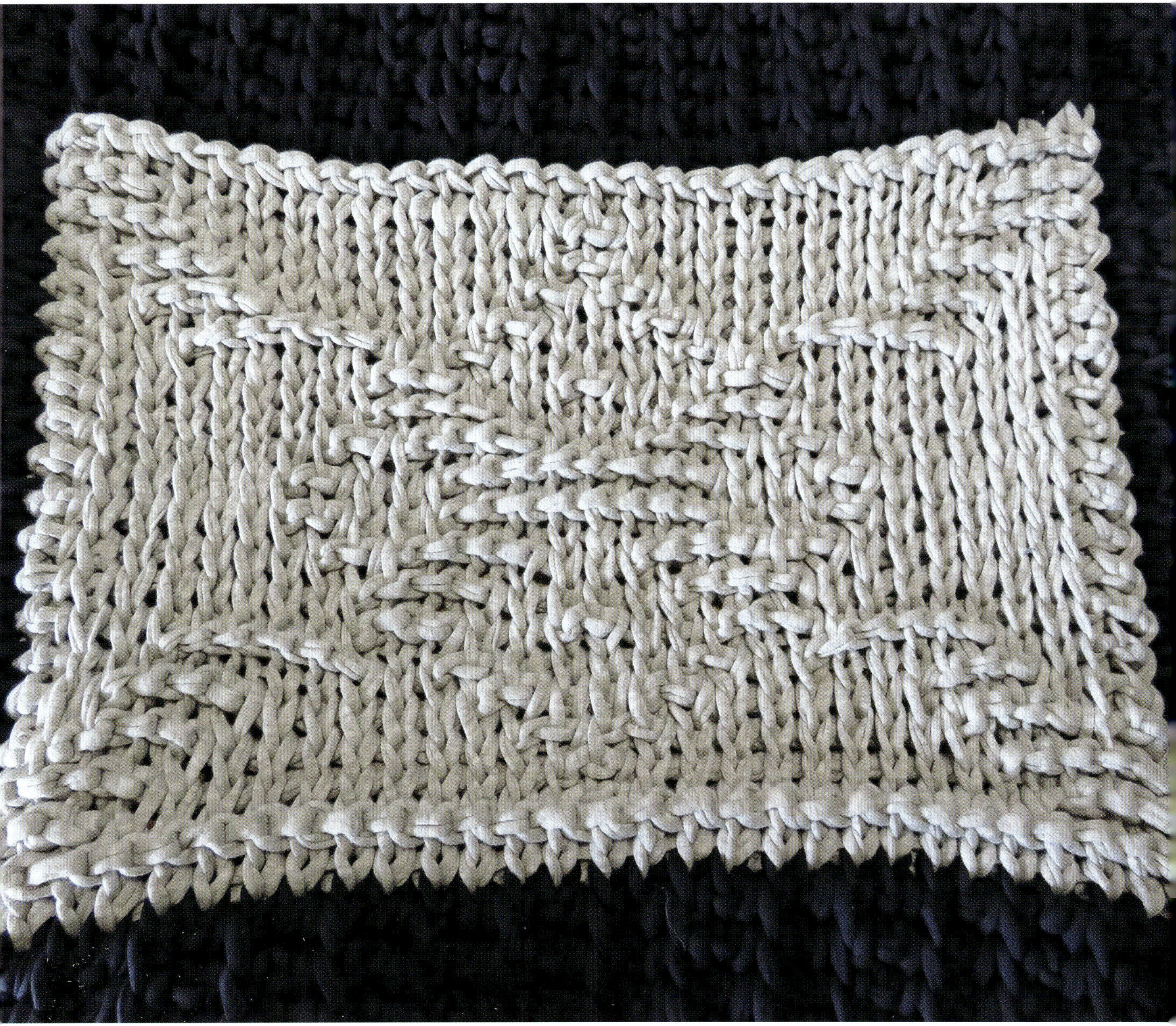

AUS UNSEREM PROGRAMM

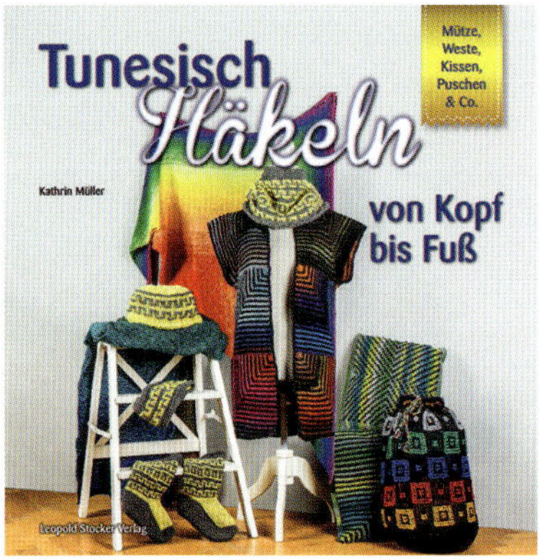

ISBN 978-3-7020-1620-3

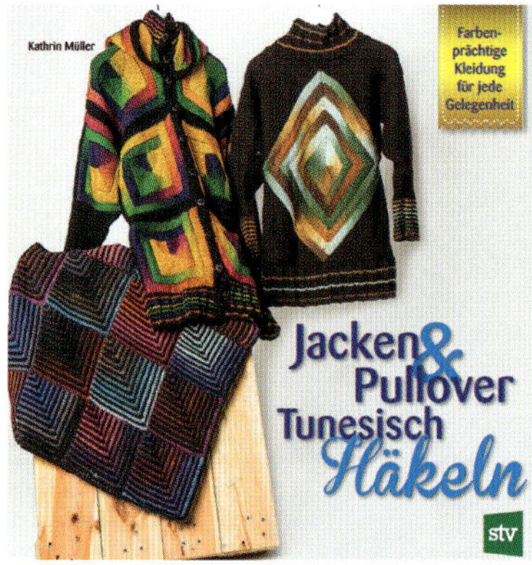

ISBN 978-3-7020-1656-2

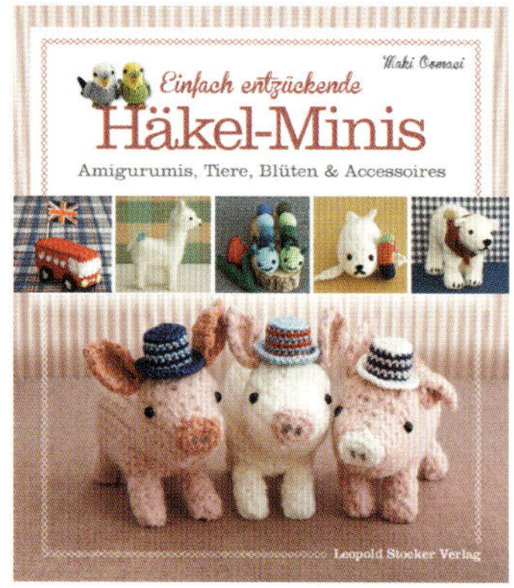

ISBN: 978-3-7020-1548-0

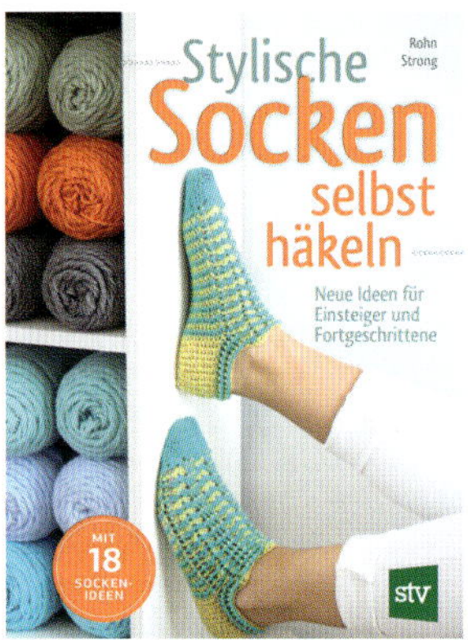

ISBN: 978-3-7020-1690-6

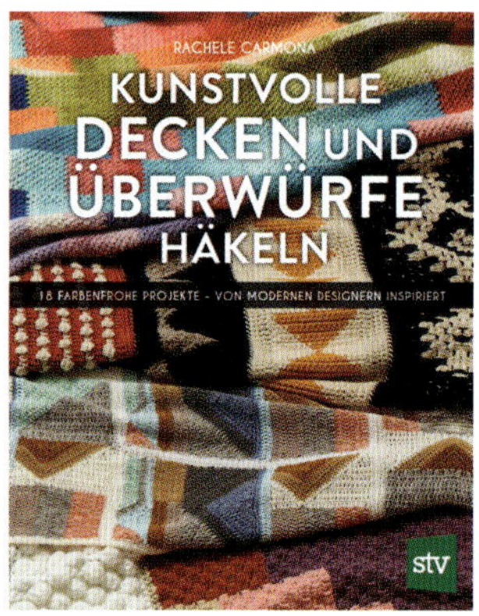

ISBN: 978-3-7020-1799-6

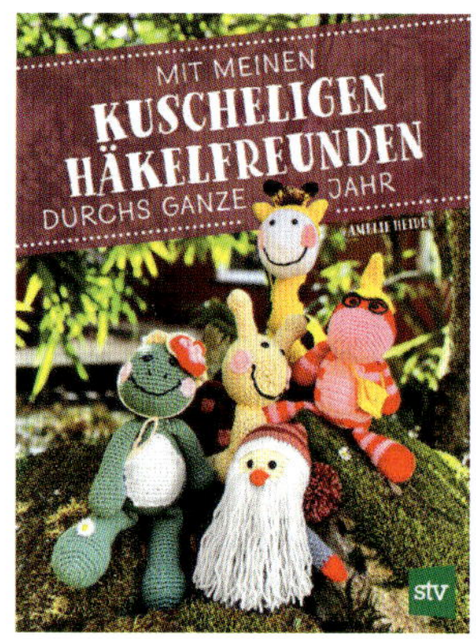

ISBN: 978-3-7020-2039-2

Leopold Stocker Verlag
Graz – Stuttgart
www.stocker-verlag.com